RESHAPING &
TRANSFORMING
OF THE YANGTZE
RIVER DELTA REGION

长三角议事厅合集
重塑与转型

曾刚　曹贤忠　易臻真◎等著

澎湃研究所◎编

格致出版社　　上海人民出版社

前　言

　　长三角是中国经济发展最活跃、开放程度最高、创新能力最强的区域之一。长三角区域一体化发展是新时期习近平总书记亲自谋划、亲自提出、亲自部署、亲自推动的国家重大区域发展战略之一。三省一市紧扣"一体化"和"高质量"两个关键词，以新型城镇化建设为抓手，紧密携手、各展所长、协同发力，各项工作跑出加速度，为长三角率先实现现代化奠定了坚实基础。

　　2022 年是中国进入全面建设社会主义现代化国家、向第二个百年奋斗目标进军新征程的重要一年。回眸过去的一年，根据中央关于长三角"一极三区一高地"战略定位，沪苏浙皖三省一市 41 座地级及以上城市奋发图强，区域一体化发展成果丰硕。从整体上看，一是全国强劲活跃增长极作用显著。长三角地区的各项经济增长指标都在全国占据重要位置。2021 年，江苏 GDP 达 11.6 万亿元，比上年增长 8.6％；浙江达 7.4 万亿元，增长 8.5％；上海达 4.3 万亿元，增长 8.1％；安徽达 4.3 万亿元，增长 8.3％。尽管长三角三省一市经济规模巨大，但增长速度仍然高于 8.1％的全国平均水平，占全国 GDP 总量比重扩大到 24.1％。二是协同创新策马扬鞭飞速前行。2021 年，长三角三省一市共获得国家科学技术奖 137 项，在全国占比超 50％；获得发明专利 18.2 万件,占全国发明专利总数的 26%。由科技部批准、沪苏浙皖合作共建的长三角国家技术创新中心于 2021 年 6 月在上海张江正式揭牌成立,长三角创新共同体框架基本形成。三是产业集群影响力快速扩大。长三角集聚了国内 55% 的集成电路制造企业、80% 的封装测试企业以及近 50% 的集成电路设计企业,芯片产能占全国的 63%,已形成了包括研究开发、设计、芯片制造、封装测试及支撑业在内的较为完整的集成电路产业链。长三角还是中国最重要的生物医药产业基地。2021 年,长三角三省一市生物医药制造业产值达 1.3 万亿元,占全国生物医药制造业总值的 30%,利润占全国的 35%,近三年来获批新药数量占全国总数的 70%。四是生态环境质量持续优化。2021 年,长三角水质优良断面比例较 2018 年上升 9.6 个百分点,达到 89.1%。2021 年,长三角 PM2.5 平均浓度为 31 微克/立方米,较 2018 年下降 26.2%。长三角生态绿色一体化发展示范区制度创新和项目建设取得重要进展,《长三角生态绿色一体化发展示范区水乡客厅一体化管理运营规范(2022 版)》颁布实施,样板区示范效应开始显现。五是开放高地持续发力。四年来,进博会累计成交额达 2 722.2 亿美元,累计专业观众注册人员约 170 万人次。虹桥国际开放枢纽在推动长三角一体化发展、提升对外开放水平中的作用初现。2021 年,虹桥国际开放枢纽"一核两带"全域生产总值达到 2.6 万亿元,以占三省一市不到 2% 的区域面积,贡献近 10% 的经济总量。

作为国内最重要的高校和媒体城市智库之一,教育部人文社科重点研究基地·中国现代城市研究中心与澎湃研究所、上海市社科创新基地长三角区域一体化研究中心,于 2019 年 3 月强强联手,主动对接长三角区域一体化国家发展战略需求,联合推出了"长三角议事厅"线上专栏、线下沙龙系列活动,旨在解析战略背景、厘清科学依据、提出政策建议、设计多方参与方案,为推动长三角一体化高质量发展服务,受到了社会各界关注和好评。"长三角议事厅"作为全国首个由高校智库与媒体智库共同打造的时政类栏目,截至 2022 年 8 月 31 日,已发布线上专栏文章 187 篇,举办线下沙龙 11 场,全新推出"周报"97篇,入选"2019 年度 CTTI 智库最佳实践案例",荣登全国 2019 年度优秀案例榜单,中央、地方党委和政府、人大、政协,行业协会、社团组织以及企业领导、专家学者、市民百姓对栏目平台好评如潮,阅读量"200万十"文章频现,多篇文章被《人民日报》、新华网、学习强国、《改革内参》等重要媒介转载。

为了让读者系统了解过去一年"长三角议事厅"对长三角区域一体化国家区域发展战略的深度解读、行动方案建议,我们围绕"重塑与转型"主题,从 2021 年 7 月至 2022 年 8 月刊登的专栏文章中,选取 30余篇文章,涉及长三角一体化战略行动、组织协调、协同联动、产业升级、绿色发展、数字跃升等六大方面。同时,为了便于读者更好地把握长三角一体化发展国家战略"落地"进程,汇编了过去一年长三角大事记。

然而,需要指出的是,受以数字技术为核心的第四次产业革命的深刻影响,人们的生产与生活方式、世界观,乃至地缘政治经济关系发生了重大变化,经济全球化加速向区域集团化转变,区域科技自主创新、产业链安全、同城化体制机制改革成为社会各界关注的新热点。而长三角区域一体化发展是中国新时期最重要的国家区域战略之一,内涵十分丰富,需要破解的难题层出不穷,加上我们的认知程度不深、时间有限,本书一定存在不少疏漏、错误之处,恳请各位读者批评指正!

曾刚

2022 年 9 月 10 日于华师丽娃河畔

目　录

上篇　重塑：紊乱、协同、再造

第一章　战略行动

第二章　组织协调

第三章 协同联动

下篇 转型：绿色、创新、升级

第四章 产业升级

第五章　绿色发展

第六章　数字跃升

上篇

重塑：

紊乱、协同、再造

第一章

战略行动

长三角共建国际消费中心的短板及建议

刘彩云[*]

2021 年 7 月 19 日，首批国际消费中心城市正式官宣，上海、北京、广州、天津、重庆 5 座城市脱颖而出。从首轮获批的国际消费中心城市可以看出，入围城市均是京津冀、长三角、粤港澳大湾区、成渝都市圈四大城市群的中心城市，这些城市本身就是其所在城市群乃至华北、华东、华南和西南的消费中心。

实际上，建设国际消费中心城市，并不是让一个城市单打独斗，而是要放大和发挥都市圈、城市群的综合消费功能优势、共建共享，形成全球消费者近悦远来的国际消费中心。

长三角地区作为中国经济最活跃、开放程度最高、创新能力最强的区域之一，整体打造国际消费中心，不仅有助于促进长三角地区消费产品和服务市场的充分循环，更有助于以地区消费"小循环"带动国内消费"大循环"、国内国际消费"双循环"。

根据长三角三省一市统计局的数据，2021 年前三季度，长三角社会消费品零售总额超 8 万亿元，四地占比超全国四分之一（见图 1）。

---

* 刘彩云，上海中创产业创新研究院研究员。

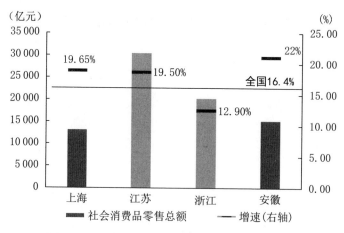

图 1 2021 年三省一市社会消费品零售总额

其中,27 个中心城市 2021 年上半年社零总额约占区域总量的 80%。但长三角要共建国际消费中心仍有亟待破解的短板。

长三角共建国际消费中心的短板在哪

第一,支撑自主品牌的强产业链有待构建。长三角品牌资源丰富,国际国内品牌加速布局。中国近 40% 的世界名牌、30% 的国内品牌都在长三角。长三角拥有 392 家"中华老字号"品牌(占全国 34.75%),1 028 件驰名商标(占全国 18.35%),472 家地理商标(占全国 13.99%)。其中,上海集聚了全球 90% 以上的高端品牌,首店首发经济领跑全国。

但总体来看,长三角地区缺少具有国际影响力和核心竞争力的强势品牌,缺少品类的头部品牌。主要原因在于轻工制造业大部分还以代工、贴牌等低附加值生产模式为主,文化创意、原创性研发设计等高附加值产业存在断链、弱链情况,设计、研发、生产、营销、服务的全产业链效应尚未形成。

2021年《财富》世界500强榜单中,上海仅9家企业上榜,对标纽约、东京、伦敦、巴黎等全球城市仍有一定差距,具有国际影响力的龙头企业和品牌拳头产品还不够。

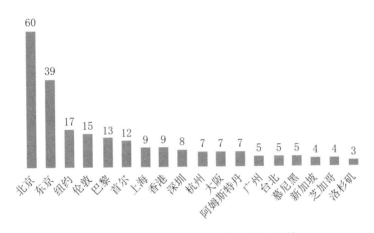

图2 2021年全球主要城市世界500强数量

第二,彰显标志特色的消费资源有待挖掘。长三角消费全面加速复苏,2021年前三季度,上海、江苏、安徽保持了20%左右的快速增长,高于全国平均水平,同时,浙江作为旅游大省尽管受疫情冲击,也实现了12.9%的良好增长水平。

近几年长三角三省一市总体消费发展情况也呈现质效双收的态势。一方面,根据长三角三省一市统计局数据,2016—2019年消费基本保持约10%的稳健增长,在2020年疫情影响广泛深远的特殊时期,长三角消费总量也仅微降0.28%,侧面反映出长三角地区消费不仅体

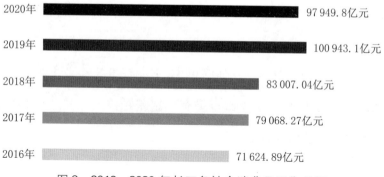

图3　2016—2020年长三角社会消费品零售总额

量大,而且具备较强的抗风险能力。另一方面,长三角消费始终占据全国20%以上的市场,且市场份额呈现扩大趋势。

但是长三角一体化下的国际消费中心建设,不是全域消费的一样化,而是要各展所特、各有所长。文化既是一座城市的名片,也是国际消费的灵魂所在,长三角是多元文化的集合体,但文化交融下的消费魅力与色彩还不够闪耀。一方面,上海的海派文化、南京的古都文化、苏杭的江南文化、合肥的徽派文化交相辉映的文化体验有待进一步挖掘,昆山的昆曲、嘉兴的硖石灯彩、无锡的惠山泥人、常州的留青竹刻

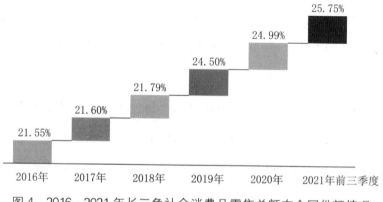

图4　2016—2021年长三角社会消费品零售总额在全国份额情况

等各式非物质文化遗产的消费潜力亟待进一步释放,且基于长三角整体角度的文化消费体验的一体化还有待进一步筹划。另一方面,从消费特色而言,长三角主要的中心城市尚未形成具有影响力的、清晰明确的消费特色定位。

对标国际城市群来看,纽约都市圈中,华盛顿作为政治中心形成美国历史文化旅游消费特色,纽约作为顶级国际化大都市打造引领全球潮流的现代都市体验,费城则作为世界遗产城市打造乡村文化体验。各座城市依托独特的气质,营造出令人印象深刻的消费体验,有效形成了一体化的消费线路。关西城市群中,京都依托神社古寺形成和服文化体验,大阪依托美食文化形成美食购物体验,奈良依托生态环境优势形成投喂小鹿体验。三座城市彼此之间消费特色错位、十分鲜明,能够有效吸引国际游客前往。

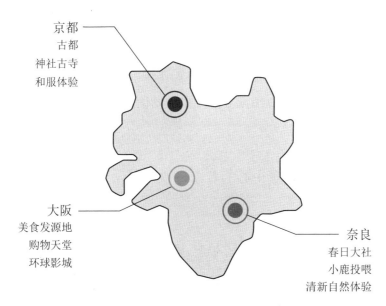

图 5　关西城市群消费特色布局情况

第三,全域消费的有机联系还有待深化。一体化的综合交通运输体系加快构建,在中心城市之间、都市圈内实现 1.5 小时内通达,为区域消费流动提供便利。同时,长三角快递物流业发达,上海港、舟山港等深水岸线丰富,区域河道网络密集,合肥国际航空货运集散中心、淮安航空货运枢纽、嘉兴全球航空物流枢纽等空港项目加快推进,将有效畅通国际国内商贸循环流通,成为国内消费品走向全球、国际消费品流入国内市场的商贸枢纽。

但是跨省域、跨城市之间的合作与联系还有待深化,围绕消费主题合作的顶层设计与体系还有待完善。

一方面,国际消费中心的推进得益于多部门的联合推进,目前,长三角区域内部虽已经形成了市场监管部门间的有效联动、文旅消费一体化联盟等,但是商务部门之间尚未形成长效的联系合作机制,关于共推长三角国际消费还有待形成明确的方案。另一方面,消费的背后产业的支撑必不可少,而长三角区域间尚未形成完善的时尚消费品的全产业链分工,各地特色优势尚未完全显现。此外,通过节点城市、功能平台、数字平台、重点活动等多元渠道的消费合作还有待推进。

长三角共建国际消费中心的若干建议

第一,扩大中心辐射、以点带面,推动长三角区域消费能级整体性提升。探索以都市圈为单位构建国际消费中心。以上海为核心引领,形成以南京、杭州、合肥等城市为支点的区域一体化国际消费中心建设体系,将推进培育国际消费纳入上海大都市圈、南京都市圈、杭州都市圈、合肥都市圈同城化发展的重点任务中,形成优势特色鲜明、功能互补的区域消费体系,有效留住消费、提升消费转化。

第二,加强统筹谋划、上位指导,深化长三角消费组织领导全局性部署。加快形成长三角消费联动顶层设计。探索建立由上海、南京、杭州、合肥等核心城市商务部门参与的长三角消费联合促进工作小组,总体谋划联合发展的重点方向和主要模式;研制长三角推进国际消费中心建设的总体方案,形成以都市圈为单位的特色功能定位和分工。

整合现有联动机制。加强区域内消费促进联动机制、组织联盟等的串联,在长三角放心消费环境营造、文旅消费、老字号等方面的一体化推进基础上,以长三角主要城市中心城区高质量发展联盟为抓手,持续深化跨省域的多部门间合作,拓展全域消费合作领域,加强异地协调保护,创新活动和宣传等合作模式,共同打响长三角国际消费品牌。

强化上海龙头引领作用。充分发挥上海高端资源集聚优势,探索区域商贸业联盟招商模式,加快进博会进口商品资源、优质商贸资源等向长三角核心区域溢出。探索牵头形成国际消费中心培育指南,加快在长三角区域推广复制上海在首店首发、商圈建设、品牌培育、夜间经济、"五五购物节"等节庆活动打造等方面的成功经验。加快以"五五购物节""环球美食节""上海进口嗨购节"等为牵引,打造具有国际影响力的长三角区域性品牌消费活动,率先形成上海大都市圈范围一体化的国际消费发展格局。

第三,聚焦全链发展、精准孵化,区域合力推动自主消费品牌产业化升级。突出主要城市在品牌建设的产业链环节特色。如上海发挥建设"设计之都"、国际会展之都特色,做强时尚设计、创意设计产业,助力品牌 IP 打造与孵化,加强对长三角新消费品牌的展示推广。杭州发挥数字经济、直播经济、电商平台特色,推动长三角新消费品牌生产制造以及功能的智慧化升级,创新自主品牌营销方式,提升品牌影响力。南京发挥文旅消费特色,加快文化消费产品的品牌塑造和开发。苏州、无锡、常州、嘉兴等依托生产智造特色及国际品牌代加工基础,加快提升生产制作工艺,为长三角新消费品牌产品提供优质服务。上海、宁波等航运发达的城市,助推长三角新消费品牌的海外市场拓展。

设立长三角新消费品牌孵化试点基地。重点打造"沉睡"老字号品牌的活化焕新、中小国货品牌的培育壮大、原创小众品牌的流量曝光等功能,提供集创意设计、样品生产、技术支持、金融支持、综合智慧解决方案、品牌出海等于一体的服务,并在基地开展品牌无形资产的价值评估等探索尝试。

第四,释放创新势能、数字活力,构建长三角全域消费智慧网络化链接。长三角地区有着雄厚的科技创新实力,在以新一代信息技术促进消费创新、以数字化形成消费联动方面具备扎实的基础。如上海正加强 5G、大数据、人工智能等新技术应用持续推进 12 家智慧商圈试点建设。线上线下融合新场景引领潮流,如上海构建"有声南京路",南京水木秦淮艺术街区打造"网红+直播+电商"新模式,杭州湖滨步行街打造"湖上"系列 IP。沉浸式场景涌现,如上海星巴克的全沉浸式咖啡体验店,苏州吴中博物馆的"国宝之夜"沉浸特展,西塘的国潮汉服文化周等。

未来,需加快以上海为引领的长三角区域商业经济发展数字化升级。上海先后制定发布《全面推进上海数字商务高质量发展实施意见》《上海市推进商业数字化转型实施方案(2021—2023 年)》等政策,并早在 2015 年就开始数字商圈建设工作,在商贸消费方面的数字化上要发挥引领带动作用。

此外,还需探索发挥上海在线新经济优势、杭州"数字经济第一城"优势、合肥新型信息消费智能终端优势等。加强以区域合作为基础,提升新型消费基础设施通达性和新型消费资源集聚水平,推进以新技术培育新消费产品、发展新消费模式、构建新消费场景、打造新消费载体。加快推进数字人民币支付全覆盖,创新开展区域数字人民币消费补贴或红包发放活动,充分挖掘数字人民币支付的大数据价值以及对消费的促进功能。

最后,建议建立长三角区域消费运行中心。探索先行联合长三角主要城市中心城区共建长三角区域消费运行系统,以综合智慧消费管理系统打通长三角区域之间消费动态监测,促进跨区域跨部门间的联合监管与治理,畅通消费者跨区域消费全流程保障等,进一步提升长三角区域消费的智慧度和满意度。

国际消费中心城市建设,并不仅仅是打造一座国际知名的消费之都,而是在强调"国际"和"消费"基础上更要突出"中心","中心"的龙头是在区域中心占据核心地位的大都市,而"中心"的功能则需要由整个都市圈共同承载。以上海创建国际消费中心城市为引领,依托长三角深厚的历史底蕴、文化滋养、产业支撑、科技赋能与要素配置,长三角定将崛起为世界级的消费中心。

"虹桥模式"效益初现，内涵待丰富

曾　刚[*]

虹桥国际开放枢纽建设迎来了一周年。2021年2月24日，国家发改委印发《虹桥国际开放枢纽建设总体方案》（以下简称《总体方案》），标志着虹桥国际开放枢纽建设正式进入实施阶段。从地域范围看，虹桥国际开放枢纽包含"一核两带"。"一核"是上海虹桥国际中央商务区，面积为151平方公里。"两带"是以虹桥国际中央商务区为起点延伸的北向拓展带和南向拓展带。北向拓展带包括虹桥—长宁—嘉定—昆山—太仓—相城—苏州工业园区，南向拓展带包括虹桥—闵行—松江—金山—平湖—南湖—海盐—海宁。从苏南长江口经上海市域一直延展到杭州湾北岸，纵贯南北、江海通达，总面积达7 000平方公里，空间上呈现昂首东方的雁阵形态，是长三角发展活力最强、潜力最大、开放度最高的区域之一。

尽管虹桥国际开放枢纽建设时间不长，但其综合效益已然令人瞩目。过去一年取得的成绩至少包括以下四个方面。

第一，在一张蓝图管全域探索方面取得了重要进展。虹桥商务区

＊ 曾刚，华东师范大学城市发展研究院院长、终身教授。

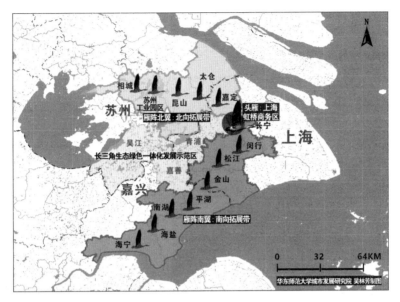

图 1　虹桥国际开放枢纽"一核两带"雁阵图

管理委员会认真学习、深刻领会《总体方案》的精神实质,在实地调研、反复讨论、集思广益、精心设计的基础上,实现了虹桥中央商务区核心区与上海市长宁、嘉定、松江、青浦国土空间开发规划的系统集成,发布了《虹桥国际中央商务区国土空间中近期规划纲要》,进一步明确了虹桥国际开放枢纽的全域联动、联合共进的空间体系,万商云集、活力四射的开放创新平台,辐射共享、内外联通的国际枢纽门户,产城融合、魅力宜居的国际化城区,生态绿色、智慧共生的未来城市样板的建设目标,实现了从"以邻为壑"到"以邻为伴"的新跨越,为实现共商、共建、共管、共享、共赢"五共"目标迈出了坚实的第一步。

第二,在跨界合作平台建设方面实现了新突破。围绕虹桥国际中央商务区大交通、大会展、大商务三大核心功能,依托国家会展中心、中国国际进口博览会等软硬件设施条件,在虹桥常年展示交易服务平台、虹桥国际商务人才港建设、长三角民营企业总部服务中心、全球数字贸易港、联合国亚洲采购中心、国际商事争端预防与解决组织的建设和引进等方面取得了新的突破,《总体方案》明确的 29 项政策已有 23 项落地,其中仅在虹桥中央商务区适用的 16 条政策落地率达 80%。同时,支持浙江、江苏、安徽等省到虹桥国际中央商务区设立 "创新飞地"。虹桥国际中央商务区成为上海市内创新飞地最为集中的三大区域之一,不仅帮助了长三角边缘地区城市享受中心城市丰富高端的科创资源和人才资源,而且帮助中心城市发挥辐射作用、扩大腹地范围,有力地推动了长三角跨行政区域政产学研用一体化。

第三,在推动同城化方面成绩斐然。《2021 长三角城市跨城通勤年度报告》显示,得益于长三角"断头路贯通计划"、轨道交通联通、公共汽车跨省运营、人口管理优化等政策措施,昆山、太仓、苏州城区(包括相城和苏州工业园区)是流入上海市域通勤者的主要来源,分别占流入上海市域总量的 72.4%、14.2% 和 5.3%;昆山、太仓还是上海市域流出通勤者的主要目的地,其流出量分别占总量的 64.0%、15.6%。其中,虹桥国际中央商务区跨城通勤群体的居住地分布在花桥、苏州城区、昆山城区、太仓城区等,特别是花桥占比超过一半。虹桥国际开放枢纽成为长三角地区同城化的先行者与示范者。

第四,在促进区域经济强劲增长方面贡献巨大。目前,虹桥国际中央商务区已经集聚了罗氏、壳牌、伊顿、统一、联合利华、美的、安踏等世界 500 强企业、外资地区总部、上市公司等具有总部功能的企业近 400 家。2021 年,虹桥国际中央商务区所在的长宁、闵行、青浦、嘉定四区完成地区生产总值 8 575.6 亿元,同比增长 9.8%,高于上海全市平均水平 1.7 个百分点;2021 年,虹桥南向拓展带上的上海松江、金山和浙江嘉兴平湖、南湖、海盐、海宁,完成地区生产总值 6 179.0 亿元,同比增长 11.4%;虹桥北向拓展带上的江苏苏州昆山、太仓、相城、苏州工业园区完成地区生产总值突破 1 万亿元,达到 10 598.1 亿元,同比增长 11.9%,高于苏州全市平均水平 3.2 个百分点。苏浙皖沪长三角三省一市都达到 8% 及以上的 GDP 增速,虹桥国际开放枢纽功不可没。

放眼未来,虹桥国际开放枢纽前程似锦。为了回应中央、地方政府以及社会各界对虹桥的殷切期望,虹桥相关各方应该树立"百尺竿头更进一步"的雄心壮志,在以下两个方面开展新的探索,加大一体化互利合作力度:

第一,进一步丰富完善"虹桥模式"。世界上其他地方尚无依托大型机场建设国际中央商务区的成功案例,而虹桥迄今的建设成绩已经显示了其巨大潜力。因此,应该进一步提升对虹桥模式特殊价值、特殊模式、特殊做法的认识水平,建议虹桥商务区管理部门组织更多的专家学者和相关方面,深入、系统研究虹桥模式内涵和特征,根据《总体方案》,制定更多高质量的一体化融合发展方案和措施,实现上海虹桥到长三角虹桥的新跨越,为将虹桥国际开放枢纽建设成为"一张蓝图管全域,一套标准管品质,一个平台管服务"的示范者、引领者之一。

第二,进一步发挥社会、市场力量的作用。与中央的高要求相比,虹桥国际开放枢纽建设还存在系统性不强的问题,多个城市科创中心建设方案之间缺乏必要的协商、联动。为了实现"1+1>2"的既定目标,三省一市亟须从"独立探索"向系统谋划转变,提高三省一市在标准统一、法规衔接、执行规范、品质保障上的协调程度,以合作谋发展,充分发挥社会力量、市场力量在跨行政边界互利合作中的特殊作用,通过开展联合科技攻关、政府购买服务、政府授权等多种方式,进一步丰富完善中心城市与周边城市"总部+产业基地"的互利合作模式,将虹桥国际开放枢纽打造成为"不破行政隶属关系,打破行政分割束缚"的协调治理标兵。

可以预料,随着长三角主要城市两小时轨道交通圈、虹桥区内交通系统优化工程、虹桥国际贸易平台、新虹桥国际医学中心、虹桥国际工业设计中心、智慧虹桥/一网通办与统管机制工程等重点工程项目的建设实施,虹桥国际开放枢纽必将迎来更加辉煌灿烂的明天。

合力修复提升长三角区域现代产业基础

宋　宏[*]

宋　宏[*]

2022 年 5 月,正当长三角区域各省市奋力防控新冠肺炎疫情、加快恢复经济民生之际,安徽省印发了《长三角一体化发展规划"十四五"重大项目推进工作方案》(以下简称《方案》)。这充分体现了安徽省在应对疫情给长三角区域经济带来的深广冲击和全新挑战上的主动意识与积极作为。《方案》表明,安徽在"十四五"期间组织实施长三角一体化发展重大项目 626 个,总投资达 26 722.68 亿元。其中,已有部分项目正在建设,一两年内将有大批项目投入实际运营。这对于疫情后长三角区域经济恢复振兴、保持长三角经济稳增长基本盘和打造国家重要增长集群势头具有非同小可的意义与作用。

疫情中暴露出的长三角现代产业基础三大痛点

新冠肺炎疫情对长三角区域经济的冲击是多方面的,其中最突出

　　*　宋宏,安徽大学创新发展研究院副院长、研究员。

的是暴露了长三角区域现代产业基础的一系列痛点,痛感最强的在于以下几个方面。其一,部分外资公司将其集成电路、新型汽车、重要零配件等关键技术的研发和制造机构迁出,造成一系列长三角区域重点发展的战略性新兴产业关键技术来源的空白,亟待通过自主创新关键技术转移转化来替代和弥补。其二,物流体系和秩序遭受冲击剧烈,从货源、货柜、车船到通道、接驳、装卸,传统的人工化、微观化的组织调度大都失灵,特别是相关信息不对称、不畅达,无法应对特殊情形下的大物流需要。其三,产业链阻断现象严重,尤其是疫情长时间持续导致既有供应链和部分供应商缺失,可以预期,在疫情后必然要进行产业链修复的再调整、再接链、再布局。从现代产业体系维度考量,这些痛点总体上具有从技术到生产再到流通的系统性风险的特征。对其疗伤修复不仅需要时间,而且更需要依靠现代产业基础设施的支撑,依靠长三角区域各省市更加紧密的互补互助与联动合作。

修复提升长三角区域现代产业基础的安徽努力

安徽省的《方案》关涉长三角一体化发展的全领域内容,其中令人关注的是,与当下长三角区域经济恢复振兴现实迫切需要契合、针对长三角区域产业基础的痛点,安徽部署了一大批重大项目。

在区域现代产业关键技术来源替代方面,安徽组织实施 59 个项目,聚焦新一代信息技术、人工智能、新材料、新能源汽车和智能网联汽车、生命健康等重点领域的关键和核心技术,推进相关重大科技基础设施、产业创新平台建设,不断提升科技创新策源能力,推动先进制造业提质扩量增效、战略性新兴产业集群化发展。此举旨在强化长三角区域创新链,进一步加大关键和核心技术自主创新的力度,开拓区域现代产业关键技术的可靠来源。从长三角区域科技创新体系观察,新一代信息技术、人工智能、新材料、新能源汽车和智能网联汽车、生命健康等关键技术都是沪苏浙皖主攻的科技创新重点领域,且有着创新链上的分工协同。因此,要着重应对疫情后区域科创资源、创新链环节等发生的巨大变化,更加自觉积极地推进提升长三角科创共同体建设,深化关键技术的系统化分工协作,加强创新链的衔接补缺,发挥长三角区域内的国家科学中心、技术创新中心、科创走廊、创新带和创新型城市等创新策源功能,有效激励联合攻关,加快克服技术痛点,为疫情后长三角经济恢复振兴提供可靠有效的科技支撑。

在现代交通物流体系建设方面,安徽着力抢抓国家适度超前开展基础设施投资的"窗口期",组织实施项目 205 个。包括加快沿江高铁、宁马城际、徐州至淮北至阜阳高速公路、合肥新桥国际机场改扩建项目、芜湖马鞍山江海联运枢纽、长三角全国一体化算力网络国家枢纽节点芜湖数据中心集群等工程的建设,持续优化综合立体交通物流体系,加快建设数字长三角。实施这些项目,不仅将进一步延展长三角区域向长江经济带和中西部战略纵深地区的辐射,加密长三角区域内部的快速通道网络,而且更重要的是将在这些交通干线上实现一批物流枢纽及其数字经济枢纽的建设。

值得强调的是,第三次工业革命把产业推进到信息时代,其底层逻辑就是产业活动数字化、信息化,从产业要素配置到产业运行过程的组织、筹划、调节、控制和监测等,越来越多地依靠和运用大数据和人工智能。新科技产业革命加速了这一产业基础现代化进程,大规模、泛在化的大数据与人工智能日益广泛地运用于产业活动及其管理,由此催生出产业服务性数字经济、平台经济等新经济模式。

数字经济和平台经济,是依托云、网、端等网络基础设施并利用人工智能、大数据分析等数字技术工具的新经济模式,其主要业务包括经济活动数字化、撮合交易、传输内容和管理流程。中国数字平台经济在近些年发展迅速,如阿里、腾讯、京东等,极大地改变了企业生产和人民生活的方式。但是,此次新冠肺炎疫情所暴露的现代产业基础痛点,也反映出现有的数字平台在产业、物流服务上的功能存在不足,当产业、物流活动发生急剧动荡变化时,数据搜集、处理和运用都跟不上形势,也表明了现代产业基础存在薄弱环节。

可以肯定,疫情后长三角区域经济将不可能都恢复原样,而必将更加依赖数字化、智能化、集成化的逻辑,整合重组科技、产业、物流及其要素流动,因此亟待相关数据信息深度更新及其宽领域、精准化服务。安徽在这批重大项目安排上,对现代交通物流体系与数字经济平台枢纽进行融合一体建设,应该说是适应了现代产业基础发展趋势,有利于用新技术新模式促进长三角区域交通物流体系的康复与重生。

在推进长三角区域经济优化空间布局方面,安徽组织实施项目231 个,主要是开发皖北承接产业转移集聚区、皖江城市带承接产业转移示范区、皖西大别山革命老区、省际毗邻地区新型功能区等重点区域板块,实施先进制造业、现代服务业、绿色农业等项目。不难看到,这些项目包含了沪苏浙与皖北城市结对合作帮扶、长江经济带的长三角—中部产业走廊、合肥—南京都市圈"双圈融合"等区域战略安排，是长三角中心区产业布局的进一步扩展。

疫情后长三角区域产业链再调整、再接链强链，内在地具有优化布局的趋势和要求，而优化布局正需要开拓空间战略纵深。中国新发展格局，特别是内循环主体要以国内超大规模市场为依托和动力，超大规模市场具有资源分布广、要素丰裕度高、生产能力强和消费潜力大等特征，是从生产、流通、分配到消费的循环系统。这种市场的形成体现在空间区域布局上，还具有大纵深、广覆盖、多链接的特征，这就是空间上的战略纵深。

根据现代产业布局靠近市场、靠近创新策源和区域板块集聚等空间分布规律，疫情后长三角产业复苏将有一个转型、疏解、重聚、结网的过程，这就需要开拓空间战略纵深、给出广阔的回旋空间来优化产业布局。在此意义上，安徽开发这些重点区域板块是为长三角区域产业体系及其产业链的调整再造提供空间战略纵深和腹地。

当下攻坚克难尤其需要区域一体化合力

针对新冠肺炎疫情中暴露出的长三角区域现代产业基础三大痛点，要加大项目投资补短板。长三角一市三省应统筹好现代产业基础布局，发挥好各自"十四五"时期确定的重大项目工程的牵引带动作用，聚焦现代产业基础重点领域，加大投资力度，加强重大项目储备，扎实做好项目前期准备工作，有序推进项目建设实施，形成储备一批、开工一批、建设一批、竣工一批、收效一批的良性循环。尤其应加紧对疫情后长三角区域现代产业基础再造提升进行统筹规划,协调一市三省相关项目之间内在创新链、产业链、物流供应链关系,加强项目的互补、衔接和配套,以求构造深度一体化、区域整体性的现代产业基础系统。

修复提升长三角区域现代产业基础,无疑需要扩大相关投资。在此过程中,必须发挥市场在资源配置中的决定性作用,提高各类市场主体的积极性、创造性。应以建设统一大市场为导向,遵循市场规律、顺应市场需求,对长三角区域投资环境加以整体协同优化,激励引导各类市场主体参与区域现代产业基础项目投资,并以合资、参股、基金、众筹等市场化方式扩大、加密投资合作。应规范推广政府和社会资本合作模式,稳妥开展基础设施领域不动产投资信托基金试点,形成存量资产和新增投资的良性循环。应建立健全机制化政企沟通渠道,不仅要帮助市场主体纾解眼前之困,而且要打消其后顾之忧,助其为长远发展积蓄力量,为民间投资创造良好条件。应注重把握国家财政金融的相关政策窗口,选准投资领域和项目,把有限的资金用于消除痛点和短板、推进迭代升级的重点项目,提高现代产业基础项目投资的精准度和有效性。

对"上海抗疫新政 21 条"的一点思考

曾 刚 易臻真[*]

　　为有效应对来势凶猛的新一波新冠肺炎疫情,2022 年 3 月 28 日,上海市印发了《上海市全力抗疫情助企业促发展的若干政策措施》21 条(以下简称"新 21 条")。两年前的春天,同样是在严峻的疫情形势下,上海出台了《关于全力防控疫情支持服务企业平稳健康发展的若干政策措施》28 条。

　　"新 21 条"除了深化细化国家政策,大幅减轻各类企业财税负担之外,还具有以下四大特色:

　　一是抗疫重点突出。"新 21 条"以统筹疫情防控和经济社会发展,努力用最小的代价实现最大的防控效果,努力减少疫情对经济社会发展的影响,瞄准抗疫产品、服务的研发、生产、应用、保障等关键环节,综合实施退税减税、降费让利、房租减免、财政补贴、金融支持、援企稳岗等助企纾困政策,直击企业"痛点"。上海市政府将对符合条件的企业防疫和消杀支出地方财政给予补贴支持,向抗疫一线人员发放临时性补助补贴,支持新冠病毒疫苗、快速检测试剂、特效药物等加快

　　* 曾刚,华东师范大学城市发展研究院院长、终身教授;易臻真,华东师范大学城市发展研究院副教授。

科技研发和产业化,为城市抗疫及抗疫企业的行动提供坚实的政策支持。

二是善用金融工具。上海是全球金融中心之一,金融保险业发达。上海"新21条"除了确保疫情期间上海证券交易所正常运营之外,还推动政府性融资担保机构为符合条件的中小微企业和个体工商户提供融资增信支持,依法依约及时履行代偿责任,帮助受疫情影响较大的企业续保续贷,加大对受疫情影响的个人和企业的创业担保贷款扶持力度,并实施困难企业贴息政策,加大普惠金融支持力度,推动金融机构减费让利和发挥保险风险保障作用。

在2022年3月29日举行的上海疫情防控工作新闻发布会上,上海市发展改革委副主任阮青介绍,除了上海市政府预计为企业提供总额为1400亿元的纾困资金之外,还将发挥贷款市场报价利率(LPR)改革作用,优化金融机构监管、考核和激励机制,促进小微企业融资成本下行,推动金融机构降低银行账户服务收费、人民币转账汇款手续费、银行卡刷卡手续费、电子银行服务收费、支付账户服务费等。支持保险公司丰富抗疫保险产品供给,扩展新冠肺炎保险保障责任,扩大因疫情导致的营业中断险覆盖面,推动金融机构支持困难行业、企业的恢复与发展。

三是牢记国家战略。上海"新21条"注重对接长三角一体化国家战略,充分发挥长三角区域产业链供应链协作机制作用,全面梳理重点企业需求清单并优先予以支持保障,维持核心零部件和原材料供应。保障交通物流畅通,建立交通运输保障重点企业和人员白名单制度,协调解决货物跨省运输问题,确保长三角集成电路、生物医药、人工智能等世界级产业集群建设顺利推进,并为江苏、浙江、安徽三省支援上海抗疫开辟了"绿色通道"。

新冠肺炎疫情暴发两年多来,上海的精准防疫取得了不少成绩。限制人员流动、保障物流系统运行的做法值得称道。然而,对标卓越的全球城市建设目标,上海"新21条"应该要有前瞻性考虑,与上海转型升级发展、长三角跨界产学研一体化发展的长期目标进行无缝衔接。

建议秉承积极、进取心态,谋划新时期企业新发展,寻求将疫情的"危"变为"机"的途径。具体而言,新冠肺炎疫情带来了很多不确定因素,从防疫措施的升级到物流成本的增加,都给企业带来了短期的利空影响。虽然缓缴社会保险费、住房公积金、企业税费能短暂缓解企业资金压力,但疫情后企业却面临更大的额外"补税、补费"财务压力,潜在风险不容小觑。

从成因方面看,梳理企业当下的困难可以发现,有些困难是新冠肺炎疫情造成的,而更多则是企业转型升级所必须承受的,因此需要对企业遇到困难的长期性有正确的认识。近十年来,受国际地缘政治形势影响,加之经济全球化带来的红利减少,中国企业引进国外先进技术、开拓国际市场难度增加,这给中国企业的发展带来了不小的压力。因此,建议:

一是支持企业开拓新市场。改变单纯被动应对疫情冲击的思路和做法,重点支持行业前景广阔、公司治理模式高效、成长性强的企业开拓新市场、寻找新伙伴、建立新体系。充分利用双循环国家战略带来的机遇,完善企业纾困政策方案,着力开发"一带一路"沿线国家市场和不断壮大的国内消费市场,为大幅增加企业销售收入创造必要的条件。

二是帮助企业转型升级。新冠肺炎疫情对企业的影响就像化学反应的催化剂,对企业发展方向影响不大,但大幅压缩了企业反应时间。因此,建议将企业帮扶措施与区域产业转型升级的战略目标相结合,把建设长三角区域创新共同体、合作打造世界级产业集群、支持企业员工参加技能提升与转业培训等政策,纳入政府帮助企业纾困解难扶持政策总体框架之中。

疫情之后的城市社会功能建设和城市重振

任 远[*]

从 2022 年 3 月底到 6 月初上海应对新冠肺炎病毒所进行的疫情防控,成为上海这个现代城市发展历史上的重要事件。疫情的扩散说明,在人口高度密集、高度流动的特大城市,对具有高度传染性的病毒进行防控具有相当大的难度。此轮疫情对上海经济社会发展产生了巨大影响,也暴露出上海城市治理存在着一些需要完善的地方。在当前上海复工复产和城市恢复重振的过程中,总结疫情防控对城市发展管理带来的启示,有助于上海这样的特大城市在未来实现更好发展。

第一,在城市发展中需要进一步加强医疗和公共卫生的资源投入,增强应对公共卫生事件的韧性。上海是中国医疗卫生资源最为丰富的城市之一,无论在总量上还是在人均水平上,都处于全国领先地位。但是,面对新冠肺炎病毒,上海的医疗卫生资源紧缺情况仍然存在。医疗卫生服务能力不足限制城市应对疫情暴发的能力,为了最大化地减少感染数和因病死亡数,城市不得不采取一种非常严控的态度。

———————————

* 任远,复旦大学社会发展与公共政策学院教授。

这也说明,在城市建设中需要具备充分的应急能力来进行隔离设施、传染病医院等的短时建造,也需要具备完善的社区卫生中心的转诊体系,以及发热门诊的监控、预警和诊疗服务体系等。只有这样,在面对新冠肺炎疫情等危机事件冲击时,才能够使城市卫生和健康服务维持较好的状态。在疫情之后,城市正在社区和小区层面建设更加广覆盖的、常态化的核酸检测体系。我们看到,在不同地点核酸检测具有不同的密度和服务能力,在有的地方居民还需要较长时间排队才能获得核酸检测。因此,城市发展需要加强对公共卫生服务的投入,完善公共卫生管理体系,从而提高城市应对公共卫生流行病风险的能力。

医疗卫生和健康服务是现代城市功能的重要组成部分。对于上海这样的超大城市,既需要考虑城市发展的经济功能,建设金融中心、贸易中心和经济中心,也需要发展教育、卫生健康、生态环境、文化体育等综合的社会功能,这些公共服务和社会投资能够提高城市应对风险冲击的韧性。

第二,疫情防控表现出现代城市依托于强有力的基层社会治理。疫情使城市居民的日常生活回归到居住社区,加大了基层社会治理的压力。如果基层社会治理能力较强,居民具有更强的自我管理、自我组织和自我服务的能力,就能更好地应对所面临的困难。在一些居委会和居民社区,居民能很快地自我组织起来,交流防疫信息,动员志愿者参与,组织社区防疫活动,通过邻里之间的守望互助解决各种生活困难。很多居民感慨,长期以来,邻里之间和楼组之内大家相互并不认识,但是经历了疫情,加强了邻里关系。城市社会中的个人生活是相当个体化、原子化的,积极的疫情防控可以带动基层社会的发育。

基层社会的较强自我组织性,社区层面的更强的社会资本,对于维护居民健康、提高城市生活品质有积极作用。

城市在疫情防控中暴露出的问题,一部分指向城市基层社会治理能力不足。例如,社区和居委会信息沟通不及时,工作简单粗暴,缺少对居民诉求的及时反馈,未能及时了解人们的生活需求,等等。居委会如果只唯上、只唯官,及在工作中任意处置,就容易变成城市行政管理工作的"传声筒",偏离其作为为居民服务的居民自治组织的本质。

在正常状态下,由于有强大的市场和社会体系的支持,物资供应、看病、买药、生活服务等基本生活功能并不由生活社区承担。在疫情管控时期,人们的生活回归了基层邻里和生活社区,如果基层社会治理能力不足,城市社会生活和社会运行就面临困难。面对疫情中的新问题,我们发现城市基层社会治理也在发生着一些积极的变化。居委会、业委会、物业形成了多元互动的整体性,而且出现了"团长"、购物群、社区的菜鸟驿站等城市基层社会治理的新力量。基层社会治理机制在应对疫情中不断调整适应,丰富和扩展其功能,支持了城市运行和城市居民的生活。

疫情之后的城市生活如果要实现更好发展,就需要通过加强基层社会治理体系增强城市的社会资本。城市发展要重视基层社区居民的生活需求,发展社区商业网络和地方商街,发展以社区为基础的15分钟生活服务圈,打造更加紧密团结的基层社会共同体。只有夯实城市的基层社会,才能够强化城市治理现代化的基层基础。

疫情防控中的问题还表现在城市基层社会治理人力资源数量缺乏和能力不足上。城市基层社会治理需要一支庞大的社会工作队伍。

目前城市基层社会治理主要依靠居委会,其中也出现了两个极端。一个是居委会干部往往是缺乏行政经验的"社区大妈",她们可能很热情,对家长里短能及时了解、沟通协调,但是对现代技术掌握不足,缺乏公共管理能力,有的居委会干部甚至还不太会使用智能手机。在这种情况下,当他们遇到类似疫情管理这样的复杂事件,就容易手忙脚乱、不知所措。另一个极端是一些基层社会工作人员实际上是政府行政事务的助手,他们具有较高的执行效率,但是往往在行政机器中简单进行上传下达、东传西达的信息传递,和基层社区的生活共同体连接不足。有的居委会干部甚至不居住在本小区或者不愿意加入小区的微信群,其工作方式也比较简单,忽视了社会治理的复杂性,在社区工作中缺乏柔性和弹性。

因此,疫情暴露出超大城市基层社会治理的能力建设有待提升。超大城市的良好运行基于生活社区,城市的基层社会治理往往依靠网格化。以这种物理网格为单位进行环境管理、治安管理,包括疫情管控,有其优势。然而更重要的是,需要在网格中增强人和人的紧密联系和互动关系,在网格中培育和鼓励人们的社会参与,强化对公共生活的支持。城市基层的管理网格如果缺乏这些社会机制,就难以充分保障民众的生活。城市基层社会治理构成现代城市基础性的支撑力量,需要形成紧密团结、邻里互助和功能完善的基层社区,城市运行才能丰富和有序。这也说明,城市治理现代化并不是在冷冰冰的技术网络下的现代化,而需要建成强有力的基层社区自治体系,需要基层社会和政府部门的有效协作。

第三,疫情防控进一步强调,我们要更加重视对弱势群体的关爱和帮助。首先是老年群体,老年人口感染新冠肺炎病毒的重症率和病死率更高,且城市中老年群体疫苗接种率相对更低。因此,在日益老龄化的城市中,老年群体保护是疫情防控的重点。并且,不少老年人由于缺乏信息化能力,不会用智能手机购物,其生活也更容易陷入困顿。特别是一些空巢老人和高龄的孤寡老人,他们在疫情中的生活尤其困难。这映射出老年人口在数字鸿沟上的弱势性和经济能力上的弱势性。但我们看到了很多邻里之间对于老年人的生活照护和真诚关怀,各种生动故事印证了"远亲不如近邻"的社区性。

受教育程度更高的白领人口、体制内就业人口在疫情中受到的影响较小,在线工作模式使他们能够维持稳定的工作和生活。但是对于小微企业、餐饮服务业等工作群体,以及灵活就业和非正规就业人口,他们受到疫情防控的影响较大。这些弱势群体中有相当一部分是外来人口,由于就业不稳定,他们更容易失去生活来源,在城市防疫和社会保障基本公共服务中遭遇差别对待,这使他们面临较显著的困难。

因此,城市疫情防控告诉我们的另一点启示是,现代城市需要更加关注弱势群体的生活,需要通过加强社会安全网对所有的弱势群体提供保护。我们不仅要建设经济繁荣的城市,而且需要建设公平正义的城市,更加重视对弱势群体的保护。

丘吉尔说过,"永远不要浪费一场好危机"。危机之所以会是"好"的,在于其给人们提供经验教训和启示,并且提供新的发展机遇。现代化的超大城市应该具有更加完整的城市功能。上海不仅要成为经济中心城市,而且应该更加关注公共卫生、教育、保障,加强社会功能,重视城市公共服务的发展,重视城市的公平和正义、包容和普惠,重视城市基层社会的自治和团结,这样的城市才是人民城市,是以人为本的城市。应当在这样的理念下完善城市治理,从而有利于上海这座超大城市实现更好的发展。

第二章

组织协调

从发明专利看长三角城市间合作创新[*]

苏　灿　曾　刚^{**}

作为中国区域一体化程度最高的区域之一,长三角地区经济总量约占全国的四分之一,产业种类相对完备,在经历了较长的历史发展阶段后,城市间交通网络密布,各城市在经济、社会等方面联系十分紧密。创新是新产业形成的重要驱动力,随着旧产业逐渐衰落和新产业发展壮大,多样化的产业结构在促进区域经济持续发展以及保持长期竞争力中发挥着重要作用。

城市间创新主体的互动能够带来知识与学习过程在地理空间上的转移,城市间合作创新是城市获取外部知识的重要途径之一。与其他跨区域联系方式相比,合作创新是一种正式且稳定的关系,能够有效传递缄默知识并保证与区域外一定程度的互动学习。因此,笔者基于国家知识产权局的发明专利数据对长三角地区城市间合作创新与产业多样化进行刻画,同时尝试探究两者之间的关系。

---

　　* 文章改写自作者发表于《长江流域资源与环境》2021年第3期的论文《长三角地区跨区域合作创新对区域多样化的影响研究》。
　　** 苏灿,上海社会科学院港澳研究中心助理研究员;曾刚,华东师范大学城市发展研究院院长、终身教授。

长三角地区城市内与城市间合作创新的特征

合作申请专利是创新主体联系及知识交流的重要方式,笔者搜集了 2000—2017 年以来,以长三角 41 个城市为申请地址的具有两个及其以上申请人的合作专利申请,共计 125 187 项,以追踪长三角地区城市内部与城市间知识流动的过程。长三角地区发明专利申请量从 2000 年的 11 232 项增加至 2017 年的 429 633 项,呈现逐年递增态势,其中合作发明专利总量从 2000 年的 1 050 项增长至 2017 年的 19 009 项,发明创新与科学研究方面合作日益重要。对比长三角城市内部与城市间的合作创新情况,可以看出,随着时间推移,长三角地区城市内部合作所占比重明显下降,而城市间合作比重从 2000 年的 46% 上升至 69%(图 1),城市间合作成为主要的合作创新方式。其中长三角内的城市间合作趋于紧密,所占比重呈明显上升趋势,由 2000 年的 11% 增长至 2017 年的约 50%,这意味着长三角一体化态势明显,知识流动更加顺畅。

从城市间合作申请专利数量和比例上来看,长三角地区各城市差别较大。上海、南京、杭州等城市合作申请专利数量占总专利申请量的比重始终较高且相对较稳定,而其他城市合作申请专利所占比重较低且年度变化幅度较大。

2017 年,上海、南京、杭州、合肥、苏州这五个城市的城市内部合作与跨城市间合作的次数均高于 1 000 次,其中以上海的合作次数为最

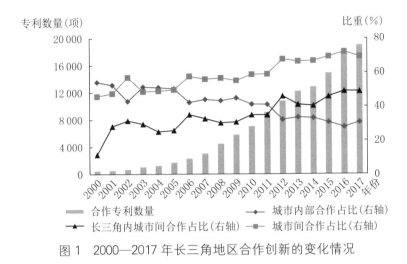

图 1　2000—2017 年长三角地区合作创新的变化情况

多,其城市内部合作次数达到 3 430 次,与上海以外的城市合作次数达到 8 279 次。对比 2017 年长三角各城市合作专利中合作者的地理来源比例分布情况(图 2),城市外的合作者占据主要地位,其城市外合作者又主要位于长三角地区的其他城市,而与长三角地区以外的城市合

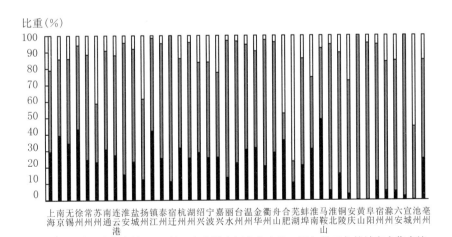

图 2　2017 年长三角各城市合作专利中合作者的不同地理空间来源比例

资料来源:根据国家知识产权局发明专利数据作者自绘。

作占比仍较小。对比三省一市,上海与江苏合作创新主体的地理来源在长三角地区内外的比例相对均衡,而浙江与安徽的城市外部合作创新主体主要位于长三角地区,安徽大部分城市与其他城市的合作占比超过90%。

长三角地区产业相关与不相关多样化的演变特征

　　总体来看,长三角地区各城市产业相关与不相关多样化水平逐渐提高并趋于稳定(图3)。在本文观察期的早期阶段,长三角地区各城市不相关多样化水平的变化幅度较大,而相关多样化相对稳定。2000年左右,长三角地区大部分城市不相关多样化水平高于相关多样化水平,产业间关联程度较弱;而省会城市与其他经济发展水平较高的城市相关多样化水平高于不相关多样化水平,产业间的关联性程度较高。后期不相关多样化水平变化幅度较小,稳定性高于相关多样化,而相关多样化变化幅度较大,更多地吸引或分散到技术上与城市当前

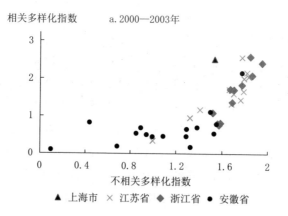

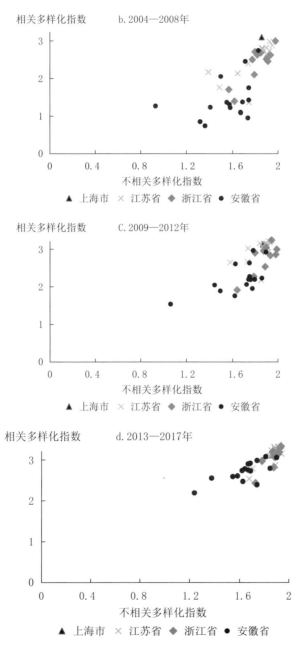

图 3 2000—2017 年长三角地区各城市的相关与不相关多样化指数
资料来源：根据国家知识产权局发明专利数据作者自绘。

产业相近的行业。2004—2008 年这一时期,相关多样化水平高于不相关多样化的城市数量增多。2009—2017 年,长三角地区所有城市的相关多样化水平均高于不相关多样化,各城市的产业间关联性明显提高,目前相关多样化是长三角地区各城市产业多样化的主要特点。

从地理空间上看,上海作为长三角地区的龙头城市与其他经济发展水平较高的城市如省会城市南京、杭州、合肥,以及苏州、宁波等城市的相关与不相关多样化水平较高,并且保持相对稳定。对比三个省份,安徽的相关与不相关多样化水平在 2000—2003 年除合肥外其他城市均较低,随后在 2004—2008 年这一阶段不相关多样化水平明显提升,2009 年后相关多样化水平逐渐提高,向长三角地区其他省份靠拢。浙江与江苏各城市的相关与不相关多样化水平大致相当,相对来说,浙江总体不相关多样化水平略高于江苏,而江苏相关多样化水平略高于浙江。

长三角地区合作创新对产业相关与不相关多样化的影响

为了探究城市内与城市间合作创新与产业多样化的关系,笔者构建固定效应回归模型来研究合作创新强度、城市间合作占比、团队创新主体规模对城市产业相关与不相关多样化的影响,同时将相关的影响因素包括城市规模、发展阶段与工业化水平作为控制变量纳入模型中。

研究发现,长三角地区合作创新所带来的知识溢出往往发生在具有技术关联性的产业间,利于城市原有产业基础通过分支的形式向相关多样化发展。认知距离较远的产业之间知识流动与知识重组的难度较大,以基于科学发现、激进的新技术或创新的全新产业或商业模式为主的颠覆式创新发展并不经常出现,突破性创新与区域原有的基础越不相关,越难以利用区域原有的能力和基础。并且,激进的新技术成长为新产业的过程受到制度适应或构建、资源整合、技术标准的重新制定等因素环境的影响。因此,合作创新强度的增加难以对长三角产业不相关多样化产生稳定影响。

从城市内部与城市间角度来看,与城市外合作创新的比例越高,越有利于城市产业多样化发展,即非本地知识来源活动的创新能够促进城市产业相关与不相关多样化,城市间合作创新构成知识流动的重要渠道。企业在本区域内部找到合作伙伴,从短期来看会使其获益,但从长远来看,丰富的本地知识基础和本地集群组织间过于紧密的关系容易削弱吸收新鲜和新思想的能力,从而引发负面区域锁定,限制区域发展不相关多样化的潜力,减缓区域产业结构的调整,导致企业及区域易受外部冲击。通过访问区域外部的知识能够在一定程度上克服路径锁定,从而促进多样化。本文实证检验了以合作创新为途径的城市间知识流动对于产业相关与不相关多样化的促进作用。因此产业多样化的发展政策不应只依赖内生资源和动力,而应注重吸引外生资源。

长三角一体化战略的实施有助于各城市间信息互通互联、资源共享与人员的跨区域流动,这对于长三角各城市相关与不相关多样化具有积极影响。但对不同类型的区域来说,其获取外部知识的能力和需求存在较大差异,外部资源在区域新路径发展中所发挥的作用不同。因此,还需要针对特定区域的能力和基础,选择合适的产业发展模式,对不同性质产业的发展规划区别对待,避免一刀切。一方面,注意强化城市内合作,尤其是科技人员之间的正式与非正式交流,借助产业技术关联实现知识溢出,从而促进相关产业发展。另一方面,充分发挥各级政府的积极性和能动性,借助外部力量引导区域产业发展脱离原有生产能力,打破区域产业发展的路径依赖,实现路径突破,发展不相关多样化。如果缺乏政府的牵线搭桥,外部力量难以发挥作用,需要政府为跨区域合作创新提供资金支持,搭建信息传播与合作的平台,促进科技协同创新,进一步融入全球创新网络中。

推动嘉兴接轨上海一体化发展的对策建议

曹贤忠*

早在 2004 年,时任浙江省委书记的习近平在嘉兴调研时强调,嘉兴要当好"全省接轨上海的桥头堡、承接上海辐射的门户"。

20 世纪 90 年代,往返于沪嘉两地的"星期天工程师"开启了嘉兴对接上海的进程。对嘉兴而言,接轨上海发展已从"选择题"变为"必答题"和"抢答题"。"十四五"期间,是嘉兴蝶变跃升、跨越发展的重要时期,嘉兴要继续实施全面融入长三角一体化发展首位战略,强化四方联动推动区域协同发展,高水平打造浙江接轨上海"桥头堡"和承接上海辐射"门户"。

2018 年,嘉兴 GDP 达到 4 872 亿,排在全国第 45 位,但市区的 GDP 仅占全市 GDP 的 27.8%,为 1 249 亿元。嘉兴县域强,市区弱,是不争的事实。浙江省委十四届六次全会明确提出,嘉兴要提高中心城市统筹资源配置能力,有序稳妥推动中心城市行政区划调整,开展嘉兴强化市域统筹、推进市域一体化改革试点。笔者发现,这次会议中,嘉兴是唯一被单独提到的城市,这足以表明嘉兴强化市域的迫在

* 曹贤忠,上海高校重点智库上海城市发展协同创新中心副主任,华东师范大学城市发展研究院副教授。

眉睫。因此,嘉兴在紧密接轨上海一体化发展的过程中,应争取省级层面更多支持。

一是加强高层对接,建立省级层面合作体制机制,顶层设计接轨上海一体化发展规划。二是战略定位,推动嘉兴从农业发展、传统产业发展定位向新兴产业发展定位转变。三是给予嘉兴更大的发展空间,涉及与上海合作的项目充分给予建设用地、资金保障。四是加大行政放权力度,扩大嘉兴市政府在接轨上海方面进行各种举措的权限。

笔者在调研时发现,当前嘉兴接轨上海的实践操作中,存在市、区(县)各级各部门对接各自为政,甚至互相竞争;对接轨上海的政策与战略研究不够深入,导致接轨政策落实不到位等问题。因此,笔者建议,一是强化嘉兴市级政府对全面接轨上海工作的统领性,推进集成式对接改革。二是设立专门的部门或机构(可以现长三角一体化发展领导小组办公室为基础扩权拓展),并授予其较大的协调权,对全面接轨上海的推进工作进行综合指导和协调,加快形成分领域、分部门的信息收集、分类整理、归口执行、事后评估等相关的运转程序和运作机制,切实做到接轨机制的项目化、清单化、闭环化和协同化。此外,还应以行政推动常态化的方式来强化主动对接上海,重点是要优化完善交流互访、定期会商等合作共建机制,优化考核考评体系,把区域合作、协同对接等内容纳入职能部门考核。

2020年,嘉兴市政府发布了关于实施嘉兴新制造"555"行动的若干意见,但是,目前嘉兴主导产业仍以化工、纺织、服装、化纤、皮革等传统产业和高耗能产业为主,战略性新兴产业、高新技术产业所占比重仍然不高，与上海周边一些城市存在明显差距。以苏州为例，苏州产业结构中的电子信息、机械制造、生物医药、纳米技术等战略性新兴产业占比达 60% 以上。因此，笔者建议嘉兴应继续发扬 20 世纪八九十年代从上海"借智借脑"，引进"星期天工程师"的做法，"招才引智"，加大以企引企、以商引商的力度，引进更多"大好高"项目。

笔者在调研中还发现，嘉兴许多企业为上海企业提供配套产品，经过长期的供销合作建立了良好的关系。随着上海"五个中心"的建设，许多项目需要外迁。嘉兴应抓住机遇，在政策上给予支持，促使更多转移外迁项目落户嘉兴。此外，嘉兴市政府还应加快推进张江长三角科技城平湖园、中新嘉善现代产业园、乌镇·西岸互联网产业园、嘉兴科技城等园区建设，着力打造接轨上海产业的大平台。

软硬件条件不足，是当前嘉兴加快科技创新步伐的"拦路虎"。目前，嘉兴缺少具有影响力的高能级平台，高校、科研院所和知名的大公司也相对较少，人才的承载力不足，导致目前人才引进难、留住更难的问题。因此，笔者建议嘉兴应以 G60 科创走廊建设为契机，高水平搭建创新发展平台，促进高科技成果转化。一是建设成果转化综合服务平台。主动对接上海高校、科研院所的科技成果资源。二是大力引进科技创新载体。进一步加强与中科院上海分院、复旦大学、上海工程技术大学、上海大学等在沪高校院所对接交流。三是深化 G60 科创走廊城市人才合作。在上海、江苏、浙江两省一市专业技术人才资格、继续教育学时互认的基础上，一方面做好相关政策的衔接和落地，另一方面探索其他人才资质互认、科技交流、成果共享，进一步畅通人才要素在长三角区域内自由流动。

从交通的便捷性和与上海的同城化来看,嘉兴受到体制、政策、土地、资金等多方面因素制约,和上海的交通对接相对滞后。因此,嘉兴应构建全面接轨上海的道路、水路、空港。一是要按照沪嘉同城化交通体系"半小时高铁圈、一小时通勤圈"的目标,加快建设沪乍杭高铁、沪嘉城际、沪平城际等多个接轨上海和长三角一体化标志性项目。二是要积极落实"三省一市"交通运输部门关于长三角地区打通省际断头路合作框架协议,推进打通省际断头路工程,实现区域交通一体化。三是要推进"铁路枢纽""航空枢纽""海河联运枢纽"三大枢纽建设,打造全国性综合交通枢纽。

从城市跨界合作项目来看,《长江三角洲区域一体化发展规划纲要》提出的 22 项上海与其他城市的合作项目中,嘉兴涉及 4 个合作项目,但上海与嘉兴单独合作的项目仅有金山—平湖省际毗邻区域开展深度合作项目。对于嘉兴而言,作为浙江省全面接轨上海示范区、接轨上海"桥头堡",应积极和主动承接上海疏解转移的工业、服务业项目,加大与上海各区的沟通交流,参与和融入上海产业大分工大协作。

在接轨上海公共服务一体化方面,笔者调研发现,嘉兴市卫生健康委与上海新华医院签订合作协议,筹建嘉兴市儿童医院,并与多家上海知名医疗卫生机构建立了合作关系。建议继续优化与上海的医疗合作,进一步提升服务能力,在嘉兴全市健康信息互通共享基础上,继续完善信息化建设,进一步实现互联互通。此外,可以借助上海高校、中小学办学优势,引进上海交通大学、华东师范大学等高校优势学科在嘉兴设立研究院、上海世外教育集团合作办学、职业教育、联合培训等。

此外,嘉兴应积极接轨苏州,实现差异化接轨上海一体化发展。苏州"十四五"发展规划明确提出,建设高水平的创新之城、开放之城、人文之城、生态宜居之城和善治之城,嘉兴可重点接轨苏州以下领域:第一,接轨苏州工业园区开放创新综合试验区、江苏自贸区苏州片区、苏南国家自主创新示范区等重大平台。重点对接苏州园区的运营管理模式、机械制造与生物医药产业链配套、吸引苏州园区内总部企业在嘉兴设立分公司等,探索与苏州合作共建园区。

第二,利用长三角生态绿色一体化发展示范区建设契机,推动嘉兴与苏州共建"世界级湖区"。苏州"十四五"规划指出,推动建设国家生态文明建设示范区和打造"世界级湖区",加快建设示范区"水乡客厅"。嘉兴可依托生态环境优势,与苏州建立湖水生态环境联防联控机制、生态补偿机制,发挥中电科、军科院、北理工等重点机构的科技创新优势,与苏州联合共建产业技术创新联盟,攻克生态环境修复与治理技术难题。吸引更多人才,形成"居住在嘉兴,工作在上海、苏州"的新模式。

第三,产业、交通、科技、金融全面对接苏州,共同参与上海"五个中心"建设。苏州"十四五"规划提出,要积极参与上海"五个中心"建设。为此,笔者建议,一是推动嘉善融入苏州正在推行的嘉昆太、青昆吴战略合作机制。二是积极联合苏州对接上海集成电路、航空航天,促进嘉兴与苏州产业链、创新链配套,共同打造生物医药、人工智能等上海资源要素溢出的承载地和高端制造的协同区。三是重点对接苏州的国际贸易和现代物流,完善交通等配套设施,打造长三角城市群货物进出口中转基地,推动苏州与嘉兴重点贸易和物流企业相互设立分支机构。此外,在软件和信息服务业、文化创意、检验检测服务、会展服务、人力资源服务、现代商贸、健康服务、旅游等产业进行合作,打造苏嘉合作示范区或先行示范区,提升嘉兴现代服务业发展水平和能级。四是依托南湖高铁新城建设,积极参与虹桥国际开放枢纽建设,在苏州打造虹桥—相城沪苏合作商务会展区的基础上,建设虹桥—南湖、南湖—相城沪嘉、苏嘉合作商务会展区,成为中国国际进口博览会主要协办地。

长三角大城小镇如何互促共进[*]

章胜峰　段文奇^{**}

长三角地区协作始于 1982 年"以上海为中心建立长三角经济圈"探索。1992 年,苏浙沪 16 城市成立经济协调组织,开展协商与合作。2008 年,国务院指导意见将长三角范围扩大到江苏、浙江和上海。2016 年长三角协作城市调整为苏浙皖沪 26 个中心城市。2019 年《长江三角洲区域一体化发展规划纲要》将长三角一体化范围扩大为苏浙皖沪全域,并将长三角一体化发展上升为国家战略。拥有 2.35 亿人口的长三角,如何通过上海龙头带动和苏浙皖各扬其长,构建大城小镇互促共进机制,促区域协同发展呢?

大城小镇联动发展中存在的问题及诱因

长三角地区大城小镇联动发展呈现出以下空间发展格局:首先,

＊ 本文发表于《江淮论坛》2021 年第 2 期,原标题为《长三角地区大城小镇互促共进机制及对策探讨》,有大幅删节。

＊＊ 章胜峰,中共金华市委党校副教授;段文奇,台州学院教授。

通过城镇间孤立分散发展的县域城镇化,形成散布式泛城市化格局。其次,以产业集群促相邻城市组团发展,形成城市群雏形。最后,通过一体化规划推进城市群向大都市区迈进。由于空间、产业、市场与治理协同发展不够,长三角地区存在"大小城市病"。

第一,联系较弱的空间协同诱发"大小城市病"。

1978—1998年,长三角地区呈现出城镇间由孤立分散变为弱联系的县域城镇化特征。从空间协同看,县域城镇化表现为城市化第一动力——农村剩余劳动力大量向乡镇企业集聚,县城和中心镇规模扩大,形成块状经济与专业市场;作为城镇化第二动力的经济集聚刺激人口集聚,与第一动力交互作用,提高城市化率。此间,长三角南翼的浙江城市化水平由1978年的14%,提高到1998年的36.8%,年均增长1.14个百分点。县域城镇化特征是各县依据不同资源禀赋和比较优势,发展特色鲜明的块状经济,如浙中的义乌小商品、永康小五金等,形成分散式的泛城市化格局。

就长三角空间协同看,虽然成立了统筹推进一体化发展的国家层面协调机构,但跨界的空间协同是一个不断博弈的过程,各方在博弈中不断产生矛盾。此时,市场力量未发挥主导作用,城市间合作由政府协调推动,当各自核心利益有冲突时,地方保护主义会抬头,相关合作议题只能浅表性实施,难以实质性推进。上海与南京、苏锡常、杭州、宁波、合肥等五大都市圈的核心城市吸引人口、集聚产业能力强,出现资源紧张、交通拥堵、环境污染"大城市病";县城对人口和产业集聚能力弱,诱发了资源利用效益低、人口凝聚性差、基础设施薄弱、功能性萎缩的"小城市病"。

第二，产业布局雷同诱发城市群经济疏密不均。

21世纪，随着"工业项目向园区集中，农民居住向中心村和小集镇集中，耕地向规模经营集中"的"三集中"政策实施，苏浙皖各地基于产业链上下游的企业间合作增强，产业集群走向紧密，人口和生产力布局优化，个体工商户、专业化市场、地方政府互动，形成特色产业群与市场群，推动县域城镇化向城市群雏形转型。

就经济协同看，由于整个区域产业分工布局规划不清晰，各地区产业发展导向趋同，同质竞争普遍。规划定位时都聚焦高端和热点的战略性新兴产业或现代服务业，产业分工不合理，导致无序竞争和重复建设。由于竞争力不同，核心城市与边缘城市的经济疏密不均。长三角早期的核心区16城，21世纪初人口不断向首位城市上海集中，2014年底，上海人口占16城总人口的22.02%。就2019年长三角相关经济指标"3D"（距离、密度、分割）分析看，如表1所示，都市圈组团城市间距离近，首位城市占地面积少于边缘城市，经济密度高，创富力和竞争力强，GDP占比在50%以上，超过人口和土地的占比。

第三，地方保护与市场分割诱发制度性交易成本高企。

从长三角一核五圈八个核心城市看，如表2所示，1978年八个城市的地区生产总值为442.78亿元，首位城市上海以272.81亿元占61.61%的绝对优势；第二位城市南京与其相差53.84个百分点、238.39亿元，其他排名相邻城市间差距都在5亿元以内，GDP最低城市合肥占比2.84%。到2020年，首位城市上海的地区生产总值占比降到29.23%，第二位城市苏州与其仅相差14个百分点，其他相邻位次城市间相差

表 1 长三角五大都市圈核心区 2020 年相关经济指标及占比情况

都市圈		辖区数	土地总面积		常住人口		地区生产总值	
			面积 (km²)	占比 (%)	人口 (万人)	占比 (%)	绝对值 (亿元)	占比 (%)
杭州	杭嘉湖绍	31	35 175		2 596		30 817	
	杭州核心区	13	16 853	47.9	1 193	45.9	16 106	52.3
宁波	甬舟台	23	21 325		1 717		19 183	
	宁波核心区	10	9 816	46.0	940	54.7	12 409	64.7
南京	宁镇扬	23	17 068		1 708		25 086	
	南京核心区	11	6 587	38.6	931	54.5	14 818	59.1
苏州	苏锡常	22	17 656		2 207		40 346	
	苏州核心区	9	8 657	49.0	1 274	48.7	20 171	50
合肥	合芜马	23	21 520		1 517		15 986	
	合肥核心区	9	11 445	53.2	937	61.7	10 046	62.8

资料来源:根据 2020 年苏浙皖三省统计局公布数据整理。

在 3 个百分点左右,GDP 最低城市常州在八市中占比 5.89%。这表明,改革开放以来,长三角地区劳动力、土地、技术和金融资源流动加快,城市间差距缩小,但地方保护与市场分割仍然存在。特别是中国实施分税制和"GDP 政治锦标赛"地方分权体制,政府间竞争加剧,市场主体交易成本高企,迫切需要适宜的竞争政策,良性的竞争环境,大尺度的统一市场,以降低交易成本。

第四,政策缺乏协同且各自为政诱致城市群协同治理水平较低。

肩负引领一体化、绿色化、智慧化和国际化发展使命的长三角城市群中,上海将打造国际经济、金融、贸易、航运和科技创新等五个中心,江苏要打造先进制造业基地,浙江要打造数字经济高地,安徽要打

表2 长三角一核五圈8个核心城市GDP及占比变化

年度	指标名称	上海	苏州	无锡	常州	南京	合肥	杭州	宁波	合计
1978	GDP总量（亿元）	272.81	31.90	24.93	17.57	34.42	12.58	28.40	20.17	442.78
	占比（%）	61.61	7.21	5.63	3.97	7.77	2.84	6.41	4.56	100
2020	GDP总量（亿元）	38 700.6	20 170.5	12 370.5	7 805.3	14 817.9	10 045.7	16 106	12 409	132 425
	占比（%）	29.23	15.23	9.34	5.89	11.19	7.59	12.16	9.37	100

资料来源：根据长三角八市统计年鉴整理。

造科创策源地和绿色发展样板区。然而，与世界一流城市群相比，长三角存在内部分工不明确，政策协同性不佳等问题。

从职能分工看，像纽约这样的世界级城市群，各城市产业定位明晰，形成错位发展格局，纽约是金融、贸易和文化中心，费城是制造业基地，波士顿是文化名城，华盛顿是政治中心。而长三角则存在空间与产业统筹布局不足，单个城市追求大而全，现状产业同质化、同构化明显，同类性质的产业园区重复建设、无序竞争等问题。从治理协同看，大中小城市协同机制未形成，"大小城市病"并存。一方面是"大城市病"严重，如上海的废水、废气排放量比较高，区域环境联防联控覆盖面比较窄，协同治理机制尚未建立，进城人口难以市民化，房价高企，交通拥堵。另一方面是功能性不足的"小城市病"显现，如浙江的温州和金华，县域经济各具特色但规模偏小，都市区发展优势不明显，产业布局和城市建设存在趋同和模仿，资源配置使用效率低，人口集聚难，产业发展慢。

健全多重协同机制，推进大城小镇互促共进的对策建议

进入城市群成熟阶段的长三角地区，如何依据"3D"与合作理论框架，健全多重协同机制，推进大城小镇协同发展呢？建议如下。

第一，建立近距离空间协同机制，以此优化大城小镇布局。在城市群空间范围和城镇体系结构中，深化核心区与边缘城市分工协作，完善交通通信等基础设施，缩短时空距离；实现贸易自由化、投资便利化，缩短非物理距离，优化空间形态。就空间协同看，长三角要按同城化生活要求改善城际交通基础设施和组织管理，实现高铁、地铁、公共交通有效衔接，空港、海港、陆港一体化，打通断头路，实现城市间公交"一卡通"；通过构筑"综合交通廊道"把组团城市和中心镇串珠成线圈，优化城市群"群集"，建设全域同城化生活圈，实现包容性增长，让居民在最能发挥自己潜力的地方获得就业机会和同质的公共服务，积累财富和储蓄。

五大都市圈要推动上海与苏锡常联动，构建上海大都市圈；加强南京与合肥协同发展，打造东中部区域协调发展的典范；推动杭州与宁波紧密对接、分工协作，实现杭绍甬一体化。各省市内部要依据《长江三角洲城市群发展规划》对接都市圈建设卫星城镇，做美新农村和小城镇，提高资源使用效率，降低生活成本，实现近距离空间协同和集约紧凑发展。

第二，形成高密度产业协同机制，通过经济协同做强核心区和组

团城市。长三角一体化发展领导小组要根据苏浙皖沪比较优势，制定产业发展战略和指导目录，协调跨地区产业基地布局和产业政策，避免产业布局雷同，推进产业转型升级，提高人口密度和经济密度。上海通过"五个中心"建设，创建有国际影响力的服务、制造、购物、文化"四大品牌"，谋划产业升级提升区域服务功能。江苏发挥制造业发达、科教资源丰富、开放程度高的优势，打造科技产业创新中心和具有国际竞争力先进制造业基地。浙江发挥数字经济领先、生态环境优美、民营经济发达的优势，打造全国数字经济创新高地和绿色发展标杆。安徽发挥创新活跃强劲、内陆腹地广阔的优势，打造科技创新策源地和新兴产业聚集区。

五大都市圈要识别比较优势，坚持错位发展，加快整合重组，形成产业协同格局；各组团城市要衔接好产业政策，有效避免产业同构和重复建设，延伸产业链，提升价值链，扩大产业规模，优化产业结构，提升空间效率。27个中心城市要构筑高密度产业发展"协同廊道"，集聚创新要素，促经济发展由投资驱动向创新驱动转换，使经济产出、生产效率在同样劳动投入、土地利用和资本积累条件下得到更快增长。

第三，建立浅分割市场协同机制，提高要素使用效率推动经济高效发展。长三角地区建立浅分割市场协同机制，首先要理顺市场与政府的关系，让市场"看不见的手"在资源配置中起决定性作用，以降低交易成本，通过市场协同促进要素自由流动，市场融合，贸易开放。其次要提升政府"看得见的手"引导能力，减少政府履职时出现错位越位缺位现象。目前需要中央政府推进简政放权，实行统一市场监管标准,建设统一开放市场体系,建立人口与资源要素自由流动的协同机制。因此,既要打破地方政府干预市场活动的"行政区经济",破除追求本地利益最大化的地方保护主义,打破阻碍要素自由流动的壁垒,推进长三角区域间要素顺畅流动,资源优势互补,基础设施共享和地区市场共建;又要破除中央政府相关部门对"行政区经济"的不当干预,取消妨碍统一市场的规定,鼓励企业用合法的收购兼并手段实现市场一体化等政策体系,破除行政主体设置的各种有形和无形的行政壁垒;还要以企业为主体,推动创新资源跨区域配置,建设技术转移的协同创新网络,提高要素使用效率,推动经济高效发展。

第四,推进城际政策协同,建设智慧城市群提升现代化治理水平。长三角地区要明确苏浙皖沪和五大都市圈的功能定位,推进城际政策协同,深化区域合作,提升城市管理水平。政府、市场与社会组织间,要在由市场分割引发的价格扭曲、产业趋同和重复建设等错综复杂的利益博弈中,磋商解决利益分配不均和公共资源空间配置失衡问题,通过对智慧城市群的治理,协同建立合理的分配机制以共享协同红利,推进公共服务均等化。长三角一体化建设领导小组要着力推进从数字化经智能化向智慧化的治理创新,在体制机制软环境营造上,统一协调建设跨地区、跨部门的信息共享平台,开展交互协同办公,有效整合各地方政府的政务信息。通过"放管服""最多跑一次""一网通办""无见面审批"等改革的集成推进,形成制度创新的叠加效应,以协同方式进行城市群治理,避免不同地区在法律法规上出现矛盾和冲突。要着力破解城乡二元社会结构,实现城乡居民基本公共权益的均等化,防止城乡矛盾和失衡。在发展硬环境建设上,要通过贯穿全域的"交通廊道"和"生态廊道"构筑,促进生产生活生态环境协调发展,使绿色治理与绿色发展目标相适应,做美城市群"群网",根治"城市病"。

长三角创新分工协作体系的定位设想与建议

曾　刚　曹贤忠　滕堂伟*

长三角是中国经济发展最活跃、开放程度最高、创新能力最强的区域之一，也应该成为中国新时期全球资源配置、科技创新策源、高端产业集聚、高质量一体化发展的引领者和示范区。为此，应进一步明确新发展格局下长三角三省一市创新分工协作体系，为一体化和高质量发展服务。

长三角创新分工协作存在的突出问题

第一，创新要素资源空间分布不均衡。长三角地区经济发展梯度明显，"强者愈强、弱者愈弱"的极化现象仍然存在。例如，长三角80％的高校、科研院所、大型科学仪器与装置、重点实验室、院士等高端人才集中在上海、南京、杭州、合肥、无锡、宁波等少数中心城市，而位于边缘地区的中小城市科技资源稀缺，部分城市甚至还存在人才流失的

* 曾刚，华东师范大学城市发展研究院院长、终身教授；曹贤忠，上海市高校智库上海城市发展协同创新中心副主任；滕堂伟，华东师范大学城市与区域科学学院副院长。

问题。

第二，区域创新合作平台与载体功能不完善。长三角城市群各城市间人才、科技、数字要素资源跨区域流动的制度还有待进一步创新落地。例如，"长三角大仪网"这一大型科研仪器在线共享服务平台，尚未形成一套有效、固定的专人管理办法，入网大型科学仪器设施仅有 2.8 万台，大型仪器设施跨区域服务能力有待提高、实际效果有待提升。

第三，产业同质化且重复投资现象有所增加。长三角各地主导产业的重合度较高，存在一定程度的重复性建设、同质化竞争，尚未形成差别化、错位化的协同发展局面。例如，新近设立的一大批专门研究机构和产业园区，都宣称重点支持新能源汽车、集成电路、新型显示、生物医药产业发展，各地独立建设集成电路、高档数控机床、高端医疗器械、增材制造产业、相互竞争的态势十分明显。

长三角创新分工协作体系的定位设想

第一，科技联合攻关的第一梯队。上海、杭州、南京、合肥目前拥有国家"双一流"建设高校（A 类）8 所，占全国的 22%；一流学科建设高校 23 所，占全国的 24%。各地在数学、物理学、化学、生物学等一流基础学科，材料科学与工程、计算机科学与技术、信息与通信工程、控制科学与工程、化学工程与技术、电子电气工程、环境科学与工程、药学等一流应用学科建设上存在着显著公约数。

在应用基础研究领域,开展关键共性技术、前沿引领技术、现代工程技术、颠覆性技术领域的分工协作、联合攻关十分迫切。上海可依托张江综合性国家科学中心及科教资源优势,在光子科技、能源科技、类脑智能、计算科学、生命科学等前沿交叉学科研究领域,抢占科技战略制高点,实现颠覆性集群式突破。浙江(杭州)可依托阿里巴巴、浙江大学等产学研融合优势,在以电子商务、大数据为核心的电子信息技术领域走在世界前列。江苏(南京)可充分发挥科教资源优势,在材料科学领域加强应用基础研究,努力取得一批原创性研究成果。安徽(合肥)结合国家综合性科学中心建设,可聚焦量子科学技术,持续强化全球引领性地位。

第二,量子信息技术的第一高地。中科院上海技术物理研究所和上海微系统与信息技术研究所、华东师范大学精密光谱科学与技术国家重点实验室、上海交通大学光子集成与量子信息实验室、复旦量子调控实验室等众多实验室,在量子通信、分子精密测控和高品质光子芯片方面处于世界领先水平。合肥依托中国科学技术大学这一量子科学实验卫星规划和建设的主体单位,于 2017 年建立了中科院量子信息与量子科技创新研究院,获工信部"中国制造 2025"试点示范城市资格。可依托上海—合肥量子技术合作,打造长三角量子技术研发和产业化走廊,实现与全国领先大学和科研院所的联合创新。

第三,战略材料研制的第一重镇。2016 年,由上海石墨烯产业化技术功能型平台、宁波市石墨烯创新中心、江南石墨烯研究院联合发起的长三角石墨烯产业协同发展推进会在常州召开,上海、宁波、常州三地共同签署《长三角石墨烯产业协同发展合作备忘录》。南京经济技术开发区与"石墨烯之父"诺贝尔物理学奖获得者安德烈·海姆和康斯坦丁·诺沃肖洛夫合作,共建石墨烯创新中心和产业园。随着石墨烯技术工艺的突破,石墨烯企业越来越多。2020 年,江苏无锡有石墨烯相关企业 40 多家,常州有 70 多家,南京则拥有扬子石化—巴斯夫有限责任公司等头部企业,加强长三角城市在石墨烯等战略材料领域联合攻关、联合推进产学研用一体化,已刻不容缓。

对策建议

第一,设立长三角科技创新攻关领导小组。建议在推动长三角一体化发展领导小组的现行管理体制基础上,增设多方参与的长三角科技创新攻关领导小组,由高层领导担任组长,由科技专家担任副组长,组员由有关部门的领导、国家重点实验室负责人构成,并构建"三位一体"(政治—行政—技术)的管理体制机制。

第二,组建长三角科技创新攻关"国家队"。借鉴"两弹一星"的成功管理经验,发挥"集中力量办大事"的制度优势,强化长三角三省一市集成电路、生物医药、人工智能领域的原始创新和基础研究,组建"卡脖子"技术的联合攻关"国家队"。重点抽调张江实验室(上海)、之江实验室(杭州)、量子信息科学国家实验室(合肥)、紫金山实验室(南京)等国家重点实验室以及中国科学技术大学、复旦大学、上海交通大学、浙江大学、南京大学和中国科学院各省市分院、头部企业研究中心等重点大学和科研机构的优秀科研人员,开展"卡脖子"基础技术联合攻关。

第三,组建长三角科技创新运营中心。借鉴德国史太白基金会经验,利用长三角国家技术创新中心创设的契机,按照国有非营利机构运营模式,整合基金会、技术转移公司、技术转移中心和研发中心及上海高校等优势资源,组建长三角科技创新运营中心,负责创新平台构建、创新资源集聚、创新服务升级、创新人才流动等运营与执行。

第四,创建长三角长期基金投资公司。借鉴国内外先进经验,顺应老龄化社会的需求,设立政府委托、企业化运营的长三角长期基金投资公司,为科技创新和产业创新发展提供资金支持,打通金融资本、科技创新和产业循环的各个环节。

第五,积极争取国家政策支持。积极争取中央在创新政策、重大项目、财政扶持等方面,给予长三角地区更多、更大的支持,构建知识生产(高校、科研机构)、转移转化(中介机构)及应用(企业)的创新生态系统,推动长三角获得更多的原始创新突破。

长三角与中部地缘经济联结思考

宋　宏*

在中国区域经济理论研究和实践中,东中西三大区域关系长期备受关注;在长江经济带范畴下,长三角城市群、长江中游城市群、成渝城市群的"龙头""龙身""龙尾"共舞也内含东中西区域关系。需要注意的是,随着国家推进新发展格局和实施五个重大区域战略,东中西区域的地缘经济态势已然嬗变,从而使长三角与中部的经济联结具有新的框架和战略价值。

新发展格局下,区域战略纵深布局的意义

党的十九大以来,面对世界经济动荡变革,基于中国迈进建设现代化强国新征程,党中央提出了构建以国内大循环为主体、国内国际双循环相互促进的新发展格局。中国构建新发展格局的优势基础条件,在于国内已经具有依托人口数量、国土空间、经济体量、统一市场

＊　宋宏,安徽省政府长三角一体化专家咨询委员会专家。

等条件的超大规模市场,这种超大市场容量利于推动产业内外部分工深化,从而促进生产技术提高、生产成本降低以及产业竞争力提升。中国拥有世界规模最大的工业体系,具有强大的生产能力和较为完善的配套能力,有条件、有能力充分发挥大国经济的规模效应、范围效应和产业链循环效应。构建新发展格局既为中国应对全球动荡变革不确定性因素开拓了充足有效的回旋余地,也为经济持续稳定健康发展提供了巨大潜力和坚强支撑。

与此相联,党中央在中国区域发展格局上也作出新的战略布局,即将原有的东中西梯度推进的区域战略布局加以升级,进一步部署"三区两带"("三区"是京津冀、长三角和大湾区,"两带"是长江经济带和黄河生态经济带)五个国家重大区域战略。以城市群为主体的京津冀、长三角和大湾区要打造国家重要的战略性区域增长集群,以大河流域为主体的长江经济带和黄河生态经济带则构建串连东中西部纵深贯通的战略性增长带。应该说,"三区两带"重大区域战略布局是延续近 30 年的东中西梯度推进的区域战略的升级。东中西区域战略是基于东向面海开拓国际市场的区位和三个区域经济发展水平的差异而作出的安排,其特征是将三个区域加以南北纵向划分,这一战略在改革开放初期到 21 世纪前十年中国成为世界第二大经济体时期发挥了巨大的积极作用。进入新发展阶段,工业化和城市化达到中后期水平,城市群成为社会经济的空间中心和主导力量,大河流域成为连接"中心—腹地—网络"的空间载体和联系纽带,加之现代快速交通网络改变了各地的区位条件,使中国的经济要素资源的流动配置、空间布局逐渐超越了原有东中西区域板块分界,从而引致区域战略布局升级,并使国内地缘经济关系发生深刻变化。

新发展格局,特别是国内大循环主体以国内超大规模市场为依托和动力,超大规模市场具有资源分布广、要素丰度高、生产能力强和消费潜力大等特征,是从生产、流通、分配到消费的循环系统。这种市场形成体现在空间区域布局上,还具有大纵深、广覆盖、多链接的特征,这就是空间上的战略纵深。所谓战略纵深原是军事学名词,意为可做战略性运动的地域空间,呈现为"前线—后方"的空间结构。面积广大的战略纵深区域既能为作战军队提供后方支援和阻滞敌方进攻的空间,又可为发起战役提供集结军队、出击进攻的基地。经济发展空间的战略纵深,首先是指空间范围及其面积规模,其次可理解为区域经济的"中心—腹地—网络"结构的地域空间,在幅员辽阔的国家还呈现多个层次的"中心—腹地—网络"的空间形态。吸收和辐射一个经济区的"中心"可称为"节点",而连接、吸收和辐射多个经济区的"节点"则称为"枢纽"。国家"三区两带"区域战略布局是一个超大规模、覆盖广阔的战略纵深体系,其特征是改变了东中西三个区域南北向的纵向分割,而成为以三个大城市群为增长极、重在东中西的横向贯通。在新的区域战略纵深布局中,"中心—腹地—网络"的节点和枢纽具有关键地位与支柱作用,也是当前各地竞相关注和着力的焦点。哪个地方能够构建成这种节点和枢纽,哪个地方就能够获得更高的发展位势,赢得更多发展空间和机遇,在推进国内国际双循环新格局形成中显示更大作为。

在长江经济带战略纵深上,从长江中下游地区国土空间面积看,长三角地区沪苏浙皖总面积有 35.06 万平方公里,中部地区鄂湘赣部面积达 56.47 万平方公里,加总达 91.53 万平方公里。从长江中下游地区人口规模看,第七次人口普查数据显示,长三角地区沪苏浙皖常住人口为 2.351 9 亿,中部地区鄂湘赣常住人口为 1.693 7 亿,加总达 4.045 6 亿。从长江中下游地区经济体量看,2021 年末,长三角地区沪苏浙皖 GDP 分别为 4.32 万亿元、11.64 万亿元、7.35 万亿元、4.30 万亿元,共 27.61 万亿元;中部地区鄂湘赣分别为 5.00 万亿元、4.61 万亿元、2.96 万亿元,共 12.57 万亿元,加总为 40.18 万亿元,约占当年全国 GDP 的 40%。数据表明,长三角一市三省加上中部三省的区域是中国人口最为稠密、经济密度最大的区域之一,国土空间广阔,市场容量巨大、资源承载力强,在国内国际双循环格局和超大规模市场体系的战略纵深中具有举足轻重的地位。毫无疑问,在这一区域中打造枢纽,富有巨大的战略价值和更高的战略位势。

概括而言,国内国际双循环新发展格局下的国家重大区域战略布局是原有东中西梯度推进区域战略的升级,是基于中国超大规模市场体系的战略纵深拓展,内在地要求区域板块发展与跨区联动发展有机结合。

在新的地缘经济关系中厚筑长三角与中部链接枢纽

在新发展格局及其战略纵深布局中,长三角一市三省与中部三省经济联结有了新的机缘和空间。就区位而言,安徽具有地理和经济纽带的特征,因而应该着力厚筑链接长三角与中部三省的枢纽。

　　安徽在原有东中西梯度发展区域战略布局中单纯属于中部地区，党的十八大以来逐步深入融合于长三角，随着长三角区域一体化发展上升为国家战略，现已全域纳入长三角区域，既是长三角的重要成员，又是中部地区的重要组成，还是长江经济带的省区之一。从地理区位考量，安徽属长江中下游地区，历史上就是"吴头楚尾"，天然成为长江流域东部与中部两大经济区域的结合部和连接地，也因此有"承东启西""左右逢源"之说。然而必须指出，仅有自然地理和历史因素并不能使安徽成为链接长三角与中部枢纽的充要条件，还必须考量其是否具有现时区域经济发展大趋势。

　　区域经济学研究表明，在工业化城市化中后期阶段，在市场经济条件下，区域之间的经济联系主要是城市之间的经济联系，这种联系的区域空间现象，就是城市群和都市圈的出现。城市群或都市圈之间的时空距离和集聚密度反映了战略纵深的"中心—腹地—网络"内在联系的紧密程度，紧密程度越高，区域协同发展乃至一体化发展的基础和条件就越好。从长江中下游区域考察，东部长三角地区正在建设世界级的长三角城市群，其中又有上海大都市区、苏锡常城市群、南京都市圈、杭州都市圈、合肥都市圈和宁波都市圈等亚城市群或都市圈；中部地区也形成了武汉都市圈、长株潭城市群和环鄱阳湖城市群等，并且这些城市群或都市圈的核心城市除江西南昌外均为 GDP 超万亿元的特大型城市。这表明，长江流域的东部与中部在空间形态和空间结构上已趋于一致，差异缩小。

　　另一方面，在任何一定范围的空间，其承载力总是有极限的，过度集聚产生的"拥挤"效应将导致该地区不堪重负。因此，经济地理学和区域经济学理论都注意到"中心区边界"问题,如上海的学界和政府在早些年就研究规划了"上海城市边界"。解决"中心区边界"限制的出路在于拓展战略纵深,将中心区功能向外部腹地延伸,扩大吸引与辐射的空间。为此,早在 2009 年 5 月,上海与武汉就签署了《关于进一步加强沪汉全面战略合作的协议》,以开拓东部与中部联动合作的战略空间。进入新发展阶段以来,在构建国内国际双循环新发展格局背景下,长三角地区与中部地区的对接更趋紧密。2021 年,"上海·湖北合作发展交流座谈会"于 4 月举行,推动携手推动沪鄂合作再上新台阶;"江苏·湖北合作发展交流座谈会"于 4 月举行,力促苏鄂交流合作取得更多实质性成果。浙江与江西在 2019 年即联合打造"衢饶"示范区。这些行动均表明长三角地区与中部地区联动协同呈现加密高频态势。

将安徽纳入长三角,与沪苏浙形成一体化发展格局,为高质量发展提供了强大动能和广阔空间。从长期看,安徽如同沪苏浙一样,也需要更大的战略纵深空间,而且不能等到"拥挤"效应发生和发展空间受限之际才被迫拓展,而必须未雨绸缪,有前瞻意识、远虑布局和主动行为。长三角地区与中部地区联动协同呈现加密高频的新趋势,昭示了安徽长期发展开拓更大战略纵深空间的方向与可行路径。因此,安徽建设链接长三角与中部枢纽是国内国际双循环格局战略纵深形成和长三角一体化深入推进的需要,也是安徽长期持续发展的客观需要,顺势而为不仅具有必要性,而且具有紧迫性。

大尺度区域的经济联系取决于时空距离,现代交通,特别是国内高铁快速交通是改变时空距离和促进区域经济联系的重要基础条件。

长三角地区目前是中国高铁通车里程最长的区域，但在前些年，长三角与中部三省的高铁快速交通体系不够发达和畅通。如沪汉之间经合肥后便由高铁时速降为动车时速，沪宁经合肥到南昌无直达高铁线路，远不及长三角中心城市之间的快速通达。据我们在上海的调研了解，虽然早在 2009 年上海就与武汉开启了战略合作，但也因为快速交通的基础条件不够健全，资源要素流动的时效低、成本高，两地合作的深广度、便捷性等不尽如人意。进入"十四五"时期，长三角地区与中部三省的快速交通体系加快建设健全，上海经南京、合肥到武汉的北沿江高铁开建，合安九高铁 2021 年通车使南京、合肥直达南昌再无高铁"断头路"之虞，杭州经黄山到南昌的杭黄昌高铁将于 2023 年全线贯通，大幅提高了长三角地区与中部三省的快速交通线路密度，缩小了时空距离。依托畅达的快速交通，长三角地区与中部三省加密经济联系的基础条件比以往更为成熟和优异。安徽拥有长三角与中部三省高铁交通的合肥枢纽和多个节点，也由此获得了链接两个地区的交通区位优势。

综合考量，长三角地区与中部三省跨区联动发展已经成为地缘经济的大趋势，引领区域经济社会发展的城市群体系加速发育，两地在空间形态和空间结构上已趋于一致，加之以高铁为骨干的现代交通条件更加完善，由此，安徽打造长三角与中部三省链接枢纽已经具备客观态势、良好基础和现实条件。

借力进博会,"一体两翼"引领长三角齐发展[*]

曾　刚　易臻真[**]

第四届中国国际进口博览会于 2021 年 11 月 10 日在上海落下帷幕。2021 年是长三角一体化上升为国家战略的第三年,也是长三角 G60 科创走廊建设的第五年。自 2018 年首届进博会落户国家会展中心(上海)以来,虹桥国际中央商务区已经成为中国扩大开放,以及密切中国与世界经济、科技交流关系的重要平台。伴随长三角区域一体化发展的不断深化,以进博会为载体的"一体两翼"发展态势初现端倪(图 1)。与此同时,政府相关部门的高度重视、国家会展中心优良的场馆条件、畅通的物流服务、线上线下的高效互动等正不断提升进博会的服务品质和能级。

G60:"政产学研用金"一体化发展新模式

G60 科创走廊为高新技术企业发展提供了优良的产业生态环境。

* 本文根据"长三角之声·进博会特别节目"(FM89.9,2021 年 11 月 10 日 12—14 点)曾刚教授发言内容整理。

** 曾刚,华东师范大学城市发展研究院院长、终身教授;易臻真,华东师范大学城市发展研究院副教授。

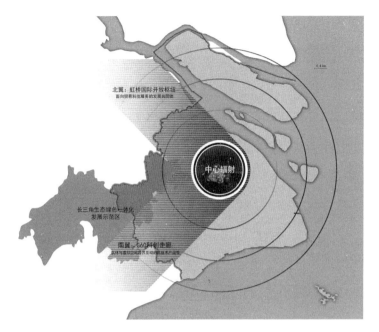

图 1 "一体两翼"示意图

高科技产业门槛高,资金投入巨大,更需要广阔的市场腹地保障。倘若单打独斗,不仅无法实现既定目标,还会造成资源浪费。G60 科创走廊通过构建"政产学研用金"一体化发展新模式,让 G60 科创走廊沿线的九座城市有劲一起使,有力地推动了区域协同高质量发展。

首先,政府引导,集合更多优质资源,降低研发风险。通过政府引导和支持,G60 科创走廊解决了长三角长期存在的生产要素跨界流动远大于科技资源跨界流动的行政壁垒问题。针对大型科学装置利用率不高、高端人才恶性竞争两个关键问题,G60 科创走廊致力于探寻大型科学装置共建共享,高端人才互动共赢的机制。在科技部的支持下,2021 年 11 月 8 日在进博会上,G60 科创走廊沿线的九座城市政府出资并引入社会资本联合设立了长三角一体化科技成果应用转化基金。基金的 50％计划将重点投向集成电路、生物医药、人工智能等七大战略性新兴产业的中早期项目，旨在扩大科技成果转化规模，提升转化效率。必须指出，政府出资不仅拓展了研发投资来源，而且还能借助政府拥有的社会公信力、对科技成果价值的判断力、对市场需求的牵引力，激活社会各界对研发投资的热情，大幅降低研发投资的风险，进而推动高新技术企业的发展壮大。

其次，G60 科创走廊创新性地在"政产学研用"的基础上嵌入金融环节。金融工具能够吸引更多的社会资本，更多的金融企业加入其中。以第四届进博会期间正式授牌的首批长三角 G60 科创走廊产融结合高质量发展示范园区为例，金融支持、金融融合的重要价值和意义不可小觑。综览当前形势不难发现，一方面，不少资本找不到优质项目，金融机构没有好的投资机会；另一方面，高科技企业融资难、融资贵问题突出，企业研发活动缺乏金融资本支持。而示范园区正好可以将科技金融的供需两方相连，从根本上解决中国乃至世界上很多地区长期存在的金融资本、高科技研发活动脱钩的问题，实现金融、科技两大产业的良性互动发展。

最后，G60 科创走廊实现了实体与虚拟空间的高效互动。美国波士顿 128 号公路沿线地区，实现了沿线企业、研发机构在同一实体空间的联动；而中国 G60 科创走廊，不仅拥有和波士顿 128 号公路沿线区一样的优势：高科技企业、中间服务机构、科研院所在实体空间内合作互动，而且还利用互联网及现代科技手段，创造了虚拟与实体空间并行的城市之间密切互动合作的新模式。九座城市在高科技研发、金融服务等方面的优势不尽相同，群策群力，各扬所长，取长补短，开展互利合作,合作追求更高质量的发展,为探索在不改变现行的行政隶属关系、打破行政边界下的跨界合作路径提供了宝贵的经验,为推动国内其他地区"政产学研用金"一体化发展、实现共商共建共管共享共赢提供了可资借鉴的长三角方案。

虹桥国际开放枢纽：从总部经济到流动经济再到合作经济

中央支持虹桥政策落地大大改善了虹桥的营商环境。《虹桥国际开放枢纽建设总体方案》包含 29 项含金量很高的政策。规划方案出台半年多来,国际互联网专用通道、进博会支撑政策常态化、开立自由贸易账户等 23 项支持政策已经落地,政策落实率达 80％,有力地推动了虹桥从"上海的虹桥"变成"长三角的虹桥""中国的虹桥"乃至"世界的虹桥",虹桥国际开放枢纽因此而成为新时期"海纳百川、追求卓越、开明睿智、大气谦和"的上海城市精神的生动写照,成为上海、长三角、中国的智慧制造、绿色发展的新高地,成为海内外企业投资兴业、升级发展的乐园。

虹桥国际开放枢纽是虹桥追求卓越的新标志。自设立以来,虹桥商务区一直着力打造总部经济的集聚区。2002 年,上海在国内率先出台了支撑总部经济发展的政策建议后,虹桥企业总部及研发中心数量大幅度增加。伴随虹桥开放国际枢纽的建设,首先,虹桥服务范围将大大扩展。其服务范围不仅仅局限在上海市内,而是形成以上海为中心,以上海和长三角其他城市密切合作为基础,以服务整个中国乃至世界的巨型城市群。其次,创造了"总部＋生产基地"新虹桥模式。借助长三角区域一体化发展国家战略的强力支持,实现了虹桥总部与长三角其他城市生产基地的高效连接,推动了虹桥国际开放枢纽内部各城市之间的互利合作。最后,提升了虹桥总部经济的能级和水平。从内涵上看,虹桥总部经济不再是昨日虹桥商务区的总部经济,不再是全球总部经济"链条"上的低端"末梢",而是拥有长三角先进制造支撑,在全国乃至全球范围内布局其分支机构的高端环节。也就是说,虹桥总部经济是能充分利用长三角强大的制造业优势,以"买全球""卖全球""服务全球"为特征,拥有更强价值获取能力、更强辐射能力的新型总部经济。可以预料,虹桥国际开放枢纽将成为中国深化改革、扩大开放的一面旗帜。

放眼未来,虹桥国际开放枢纽发展有两个关键词:一是流动经济,二是合作经济。虹桥国际开放枢纽一方面是一个流动枢纽,进博会成功举办极大地拓展了虹桥的交通枢纽功能,使虹桥从一个交通中心扩展成为人流、信息流、资本流、技术流、物质流等多流融合的国际开放交流互动新平台。另一方面,虹桥国际开放枢纽的覆盖范围包含了上海长宁区、嘉定区、闵行区、松江区和金山区,江苏昆山市、太仓市、相城区和苏州工业园区,以及浙江嘉兴市南湖区、平湖市、海盐县和海宁市等13个市区。更为重要的是,虹桥国际开放枢纽核心区虽然坐落在上海,但其服务范围不仅面向长三角,更面向全世界。虹桥企业总部和研发中心是支撑未来高质量发展的核心要素,虹桥创新性跨界合作机制是虹桥未来的核心竞争力。

借力进博会，追求更高质量的共同富裕

进博会的举办对于上海，对于中国意义重大。通过进博会，国外参展商对快速扩大、不断升级的中国市场的认知水平不断上升，对中国市场的重视程度不断增加。由于溢出效应，进博会不仅惠及上海和长三角，而且还对中国乃至全世界经济发展、社会福利改善产生了积极和重要的影响。

为了办好进博会，进一步发挥进博会对中国高质量发展、共同富裕的推动作用，我们建议：

第一，审时度势，不断调整进博会的工作重点。经过四年发展，进博会让展品变商品、让展商变投资商，交流创意和理念，联通中国和世界，已经成为国际采购、投资促进、人文交流、开放合作的四大平台，以及全球共享的国际公共产品。世界博览会发展趋势显示，博览会通常从早期以商品交易为主，到中期以洽谈基于展品生产的投资合作为主，发展到后期则以探寻基于展品的技术合作为主。2021年举办的第四届进博会有一大亮点，就是成功地举办了"第二届中国工程建设行业供应链研究与创新发展论坛"，开创了进博会发展的新纪元。展望未来，建议邀请、组织更多国外参展商、专业观众参与基于展品生产的技术前沿动态、研发计划、产业化方案交流讨论，将进博会打造成世界上顶级的新品发布、新技术展示、新思想交流的大平台。

第二，发挥行业协会作用，大幅提升各省市采购团内部协整力。

从四届博览会运行情况看,国内不少省市十分重视、支持进博会,地方政府纷纷组团参加进博会。无论是从商品交易额,还是从投资意向数量来看,进博会都取得了巨大成功。但是,从整体情况看,在洽谈技术合作过程中,国内进博会专业受众群体之间仍然存在相互防范、单打独斗、缺乏必要的协作与协调等问题,在很大程度上降低了进博会的技术溢出效应。建议地方政府与行业协会联手,制定会前技术洽谈计划,协调会中技术洽谈过程,跟进会后技术合作成果落地过程。一句话,通过提升各省市采购团内部的组织协调能力和水平,大幅降低进口商品采购成本,大幅提高技术引进的成效。

长三角如何形成推动资本市场一体化发展的合力

姚亚伟　刘江会[*]

市场作为资源配置的主要方式,无论是产品市场还是要素市场(包括金融市场)的区域一体化发展,最终目的都是优化资源配置。当资本作为一种资源禀赋在地区间存在差异时,资本在区域间的合理流动和有效配置有助于提升资本使用的整体效率,进而实现区域资本市场的帕累托改进并支持区域经济的良性发展。基于共同市场理论,区域资本市场一体化就是"通过建立共同市场,减少资本流动的障碍,降低资本流动的成本,促使资本从低边际产品向高边际产品的自由流动,从而达到一个更有效的生产资源的配置"。

不同于欧盟等在国际上推进一体化过程中面临货币汇率、财政独立等硬性约束,国内区域间资本市场一体化的本质就是"打破区域间行政壁垒、降低区域间的金融交易成本"。因此,推进长三角区域资本市场一体化的进程就是在长三角区域内不断消除行政壁垒和资本实现自由流动的过程,在长三角地区建立和形成统一的资本市场,以逐

*　姚亚伟,上海师范大学商学院副教授;刘江会,上海师范大学商学院教授。

步实现区域内的不同经济主体在区域内不受行政边界限制地进行投融资活动,以及金融机构相对自由的跨地区经营。在中国经济区域和行政区域共存的客观现实下,尽管目前市场与政府这两种推动力量的着力点、作用方式和作用结果还存在一定差异,但归根到底还是在于区域间如何形成推动资本市场一体化发展的合力。

长三角区域资本市场一体化尚有提升空间

长三角区域资本市场的一体化意味着金融资本在区域内实现配置的自由化,其本质是资金在长三角区域内的自由流动,表现为资本市场上同类金融产品的定价趋同,意味着区域内的资本市场上不存在无风险套利的机会,即市场是有效的。

从长三角三省一市目前的金融产品定价看,地区间还存在较大差异,主要表现为五个方面:一是地区间的真实利率差异较大。用 CPI 来间接衡量地区的真实利率水平,CPI 指标越高,意味着真实利率越低,资金价格越低。从整体看,三省一市中真实利率的指标状态比较稳定,上海的真实利率最低,而浙江、安徽和江苏的利率成本相对较高。以 2020 年为例,上海、江苏、浙江和安徽的该指标分别为 1.70%、2.50%、2.70%、2.30%。

二是地区间的贷款利率成本差异较大。从整体看,上海相对其他三省的融资成本一直相对较低,以 2020 年企业贷款加权平均利率为例,上海、江苏和浙江的该指标分别为 4.26%、4.74%、4.85%,安徽未公布明确数据,但分档贷款利率高于 LPR 的比例全年不同月度均在 70% 以上,指标应显著高于其他三省市。

三是地区间利率存在套利空间。票据贴现利率和转贴现利率可以在一定程度上反映金融机构的融资成本,从整体看,上海金融机构的票据贴现利率和转贴现率利率与其他三省相比处于较低水平,以 2020 年第四季度金融机构票据买断转贴现利率为例,上海、江苏、安徽和浙江的该指标分别为 0.75%、2.84%、2.89%、2.67%,这表明区域间金融机构的融资成本还存在区域间系统性差异。

四是地区间的不良贷款比例差异较大。不良贷款比例高的地方表明企业获得了一种额外的补偿,即财政的贴息力度大,变相降低了地区资金的价格。从整体看,三省一市的不良贷款率变化在区域间并没有明显稳定的趋势,2005—2009 年,浙江的不良贷款率较低,但到 2017 年却成为不良贷款率最高的省;自 2010 年后,上海的不良贷款率在三省一市中一直较低;2018 年后,安徽的不良贷款率开始上升。以截至 2020 年末的数据为例,上海、江苏、安徽和浙江的该指标分别为 0.79%、0.90%、1.70%(2019 年底数据)和 0.98%,这意味着不良贷款率与区域经济发展增速仍然密切相关且不平衡。

五是地区间存贷款失衡。自 2008 年以来,上海的本外币各项贷款余额与各项存款余额的比值均低于其他三省,以 2020 年底为例,上海、江苏、安徽和浙江的该指标分别为 0.54、0.88、0.94、0.86,这从侧面验证了上海市场整体的资金面相对充裕,原因可能在于上海金融机构较多,银行间市场和交易所的优势沉淀了大量的资金形成的存款增加,但在一定程度上阻止了资本从上海流向其他三省,造成了金融资源的浪费。

从长三角三省一市目前的资本跨区域自由流动角度看,区域间的资本流动尚存在不平衡性。江苏和浙江省域内的地级市相对而言资本的自由流动性较差,而安徽省域内地级市之间资本的自由流动性反而相对较好。同时核心城市对金融资源自由流动的影响,特别是省会城市和计划单列市较强的金融资源集聚性,限制了资本的流动,也间接表明这些核心城市作为中心城市节点的资源配置功能尚未形成辐射作用。要降低因核心城市的金融资源集聚所带来的非平衡性,就需要发挥核心城市的溢出辐射效应,加快区域资本市场一体化的形成。

在一个经济体内,资本从一个地区转移到另一个地区通常有三种渠道:企业和政府的跨区投资、银行系统的跨区借贷、股票和债券市场的跨区融资。在这三种渠道中,目前的创新突破主要还是集中在企业和政府的跨区投资方面,如长三角地区政府间已建立了长三角的决策、协调及规划与统筹机制,并通过合作成立基金或服务联盟来搭建平台;企业层面也在政府推动下成立了新能源汽车合作联盟、青年创新创业合作联盟等,并通过企业联合会推动建立了"长三角市、区企业联合会合作机制"。但在实际推进中,仍存在地方政府通过设置行政壁垒和采取特殊的税收政策来吸引资本(如产业园区、开发区等),这种非市场化的运作模式可能引致资本市场的资源配置扭曲,同时也表明政府在资本配置中仍具有较强的控制力。在银行系统的跨区借贷方面,通过融资租赁、影子银行、互联网金融渗透等相对有效地突破了银行跨区开展借贷活动的瓶颈,但整体规模相对不大。在股票和债券市场的跨区融资方面,尚未有实质性突破,区域股权市场分割现象还比较严重,但随着北京证券交易所的开业,多层次资本市场体系的错位功能发挥将有助于区域直接金融市场的发展。

未来推动长三角区域资本市场一体化的建议

党的十九大报告指出,"我国经济已由高速增长阶段转向高质量发展阶段",而高质量的经济发展离不开强有力的资本市场的支撑,具体而言,就需要用"创新、协调、绿色、开放、共享"的新发展理念来破解长三角资本市场一体化发展中面临的难题,增强发展动力。具体而言,可以从五个方面展开:

一是创新引领,切实推进长三角统一金融服务平台的建设。目前,中国银行、中国工商银行、中国农业银行、民生银行、嘉兴银行等商业银行在原有区域支行的基础上均更名成立了长三角一体化示范区支行,这也是商业银行突破跨行政区域开展业务的尝试,有助于资金在长三角区域内更合理的配置。

依托科技创新引领高质量经济增长是未来发展的主旋律,这不仅需要长三角地区间的产业协同创新,更需要跨区域的金融支持服务。具体而言,一方面需要政府外部的合理引导和政策支持,积极推进融资租赁等可以突破商业银行跨地区贷款约束的金融资源配置形式。原因在于融资租赁资产易于证券化,在服务实体经济方面更具竞争力。可由长三角地区政府牵头策划推动融资租赁公司在长三角的客服总部基地建设,通过服务功能集聚实现融资租赁市场的一体化。同时,政府也可适时进行金融服务创新,在长三角地区筹划组建准官方的抵押担保平台,为长三角地区融资租赁公司的资产证券化提供信用支撑和融资的便利。另一方面,也需要鼓励和引导金融机构之间内生性协同创新,以实现金融服务实体经济的新突破。比如鼓励和适当放开商业银行的资产管理子公司股权投资的限制,引导和鼓励股权投资基金投向区域内的基础设施互联互通、产业转型升级、生态环境优化、科技创新和民生工程等项目,致力于探索区域一体化金融服务新模式。

二是协同发展,通过政府平台基金和金融监管方面的供给侧改革,推动金融资本与产业资本的有机融合。一方面,要充分发挥长三角一体化发展投资基金和长三角地区协同优势产业基金作为政府信用平台的优势,可借鉴欧盟战略投资基金的运作机制,将一体化发展投资基金和协同优势产业基金定位于母基金平台,采取"参股投资+融资担保"的运作模式,并根据投资方向由母基金作为普通合伙人,社会资金作为有限合伙人,创设多个子基金来对长三角地区企业提供融资便利,从而引导和撬动三省一市的社会资本依托项目在区域内流动和优化优置。另一方面,长三角地区要建立有效的金融协同监管机构和责任机制,在区域经济一体化背景下,长三角金融监管机构改革应以金融有效服务实体经济为目标,以经济区域划分范围的管理模式,弱化地市级政府的行政干预对金融市场的影响,建立协同机构,以提高管理效率。积极尝试构建区域金融监管机构,通过协调合作来推动区域金融合作,建立责任机制,以解决区域金融监管中存在的问题。

三是大力发展绿色金融,资本市场驱动区域产业升级转型。2020

年 2 月 14 日，由中国人民银行、银保监会、证监会、外汇局、上海市政府联合发布的《关于进一步加快推进上海国际金融中心建设和金融支持长三角一体化发展的意见》（以下简称《意见》）第二十五条明确指出，推动长三角绿色金融服务平台一体化建设。同时《意见》第二十一条还指出，在现行政策框架下，支持金融机构运用再贷款、再贴现资金，扩大对长三角"三农"、从事污染防治的企业、科创类企业、高端制造业企业、小微企业和民营企业等信贷投放。这实质上也为长三角未来产业发展进行了定位，资本市场应为有社会责任担当、绿色发展的企业提供有力支持。从全球证券交易所的发展战略看，很多证券交易所都将绿色金融和 ESG 作为战略发展重点。比如，纳斯达克加大对 ESG 相关公司服务投入，并通过购买绿色能源、碳补偿和可再生能源证书，致力于在所有业务运营中实现碳中和，推动可持续发展。

2018 年 11 月 4 日，上海证券交易所与浦东新区政府签署成立长三角资本市场服务基地。目前，基地联盟城市已实现长三角中心区城市的全覆盖，基地充分发挥着链接科创中心和金融中心的桥梁作用，以及金融要素市场的集聚辐射作用，优化长三角一体化的服务网络，有力地支持了长三角科技企业在科创板上市。随着北京证券交易所的开市，科创板、创业板、新三板精选层将呈现"三足鼎力"的格局，上海证券交易所还需要从绿色发展的角度探索如何为处于不同成长周期的科创企业对接长三角多层次资本市场的模式和路径，以有效提高金融资源的配置效率。

四是以开放的理念择机放宽长三角区域股权市场的区域限制。目前，三省一市有六个区域股权（托管）交易中心，业务类似且市场间基本分割,属地服务倾向明显。监管层针对区域股权交易所的规定主要是省级政府管理并向证监会备案,区域内唯一性是重要要求,但在长三角区域一体化上升为国家战略的背景下,加强六家股权交易中心的合作和区域业务整合将是大势所趋。

五是利益共享,建立跨长三角的超行政协调机构。不同于欧盟不同成员国因政治独立引发高协调成本,长三角行政边界问题可通过中央政府统筹或地方政府间的沟通协调,以制度创新探索构建地区间财政与税收的利益共享模式和利益冲突解决机制。打破行政壁垒,超越行政区划,形成以经济功能和经济社会联系为主的长三角一体化新格局。引导金融资源的投资导向促进跨地区、跨行业投资和重组并购,在区域范围内实现资源的大配置,降低资本区域间流动的壁垒,在产业集聚的同时实现金融资本的有机整合,促进区域内资本市场的一体化。

第三章

协同联动

长三角城际人口流动的时空动态[*]

崔　璨　吴晓黎^{**}

　　长三角一体化最早在 20 世纪 80 年代初提出,到 2018 年,长三角区域一体化发展正式上升为国家战略。长江三角洲已经成为中国经济发展最活跃、开放程度最高、创新能力最强的区域之一,在国家现代化建设大局中具有举足轻重的战略地位。长三角城市间的一体化迈向高质量发展的重要举措之一,是通过构建高品质快速轨道交通网,使长三角城际出行更加便捷。人是资金、技术、信息流的载体,体现了城市之间经济、社会等的联系,规模庞大、往来频繁的城际流动人口成为一体化的动态表征。

　　一方面,由于现代化轨道交通的建设,城际日常出行的成本降低,产生"时空压缩"效应,区域内各城市间的出行更为频繁,联系更加紧密。另一方面,互联网移动通信的全面覆盖也拉近了人们的心理距离,城市与城市的界限逐渐被淡化。当前,长三角地区以干线铁路、城际铁路、城际高速公路为主体的交通网络已基本建成。在"时空压缩"

---

　　* 本文改写自作者发表于 *Habitat International*(2020)的论文"The Spatial-Temporal Dynamics of Daily Intercity Mobility in the Yangtze River Delta:An Analysis Using Big Data"。

　　** 崔璨,华东师范大学城市与区域科学学院研究员、中国现代城市研究中心兼职研究员;吴晓黎系华东师范大学硕士研究生。

效应下,长三角城际呈现高频的人口流动,其中包括跨越两个城市作为工作地和居住地的跨城通勤出行模式,以休闲活动为目的的一日跨城往返出行模式,以商务差旅为目的在城市间流动的出行模式等。人们的活动空间由单个城市拓展至区域内的城市之间,以"工作—居住—休闲"为出行目的的跨城流动日渐增多,也体现了区域一体化的进一步发展。然而,在不同的时段下,人们的城际出行目的不同,城际人口流动模式也呈现显著差异。为此,在长三角区域一体化日趋增强的背景下,笔者基于某互联网公司 2016 年 LBS(location based service,基于位置服务)大数据,着重关注城际流动的时间异质性,试图分析工作日、周末及节假日时段长三角城际人口流动的时空动态,探究工作日、周末和节假日三个时段的城际人口流动规模、空间格局及网络结构特征,为进一步揭示长三角一体化程度及其背后动因提供参考依据。

不同城市人口流动规模的时序变化

经统计发现,长三角各城市在劳动节前后(4 月 30 日至 5 月 2 日)人口净流入规模最大且波动幅度最大,而周末期间人口流动规模较小且波动幅度减小,工作日期间城际人口流动规模最小且数量稳定。分城市来看,劳动节伊始和结束之时,上海、南京、合肥、苏州和杭州这 5 个城市的人口流出和流入规模都明显大于其他城市,体现了其作为区域中心城市的地位。而劳动节假期期间,六安、南通、安庆、台州、盐城等城市的人口流入规模则达到峰值,反映出区域内的中小城市在节假日期间的人口吸引力。这些城市是长三角地区的劳动力输出地,节假日从大城市流向小城市的人群极可能为返乡流。同时发现,周末时段长三角区域城际人口流动也存在与节假日期间相似的流动模式。

工作日、周末、节假日时段城际人口流动规模对比

节假日期间,城际流动规模及联系数量都显著大于工作日和周末期间。上海、杭州、南京和合肥作为长三角的中心城市,其人口流动规模最大,与网络中其他城市的连接数量也最大,呈现出多核形态。而工作日和周末的人口流动模式比较接近,大规模城际人口流动多见于长三角最为发达地带,即苏南、上海和杭州。另外,人口流动规模随地理距离衰减的规律也较为明显。

工作日、周末、节假日时段的社区

从城市网络社区聚类的地域差异看,同省城市间的联系比跨省城市间更加紧密,更容易形成同一社区。此外,社区的数量及社区组合在工作日、周末和节假日三个时段也存在差异。节假日期间城市形成的社区数量更少,上海和江苏的城市融入同一个社区,而在工作日和

周末期间,上海则与江苏部分城市形成了一个独立社区。江苏盐城和泰州在工作日期间与上海属于同一个社区,到了周末,却与南京并入同一个社区,体现了城市间联系的时间异质性,也反映了不同城市间联系的性质差异。

城际人口流动的影响因素

为了探究城际人口流动的驱动力,笔者构建了长三角 41 个城市的城际人口流动矩阵,分析城市属性特征对人口流量的影响。以日常通勤、商务出行、休闲活动作为三种主要的城际出行目的,假设日常通勤和商务出行是工作日时段城际流动的主要类型,商务出行和休闲活动是周末城际流动的主要类型,休闲活动则是节假日城际流动的主要动因,搭建分析框架,如图 1 所示。此外,距离、地形、行政区划和方言等也会影响城际联系,因此作为控制变量放入模型。模型结果显示,工作日人口流动规模主要受通勤和商务出行相关因素影响,城市平均工资和工业企业数量差距是工作日城际人口流动的主要驱动力,高房价抑制了工作日期间人口流入。商务旅行和休闲活动相关的因素(固定资产投资、星级酒店、第三产业从业人员)对周末城际人口流动有显著影响。节假日期间,与预期不同,休闲旅游相关因素影响不显著,呈现的流动模式为从大城市返回小城市,这与流动人口监测平台的劳动力迁移空间模式相反,印证了节假日期间城市之间更多为劳动力返乡流动。

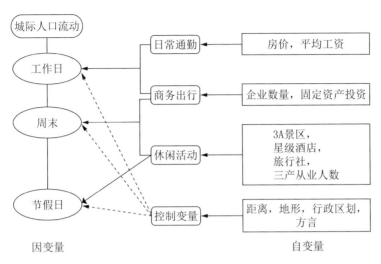

图 1 城际人口流动时间异质性的解释框架

综合以上研究发现,长三角城际人口流动在工作日、周末和节假日三个时段呈现的流动模式存在诸多相似与差异。三个时段中,长三角区域的城际人口流动网络中心城市基本一致,距离和行政区划等都有显著影响。节假日期间城际人口联系最为频繁,且呈现从大城市返回小城市的大规模流动模式,体现了城市间紧密的劳动力流动联系。工作日时段人口流动受到房价影响,间接印证了"居住—工作"功能联系的城际流动。然而,本研究也存在不足之处,对于城际出行目的的假设及其影响因素的对应缺乏有力的说明,尤其是周末期间城际人口流动出行目的复杂,难以简单划分,因此,不同时段的城际流动格局差异背后的动因探究有待进一步的研究跟进。

长三角硬核制造与现代服务为何殊途同归

朱立奇　虞　阳[*]

长三角三省一市省级层面的制造业和服务业"十四五"规划已相继发布。与以往相比,规划表述中制造业与服务业融合发展的特点更加鲜明,"服务型制造""制造服务业""服务业衍生制造"等成为规划中的高频词。展望下一个五年,长三角无疑已经驶入了制造业与服务业两业融合的"快车道"。

所谓两业融合,就是先进制造业与现代服务业的深度融合发展。在具体内涵上,既包括制造业和服务业主体向对方领域的延伸,即制造业服务化和服务业制造化;也包括直接面向制造业提供服务的制造服务业(接近于生产性服务业),如面向制造业需求的金融、物流、科技、信息等。从美、欧、日等发达国家及地区的发展历程来看,随着经济发展水平提升、产业分工细化,制造业和服务业都呈现出不断融合的特点,产业结构普遍出现"两个70%"的现象(即发达国家的服务业占到 GDP 的 70%,生产性服务业又占服务业的 70%)。因此,两业融合称得上是一个经济体进入工业化后期的重要标志,也是产业寻求在

＊ 朱立奇、虞阳供职于上海中创产业创新研究中心。

价值链中升级的必然选择。

对于中国来说,随着经济高质量发展深入推进,如何推动产业链和创新链协同提升,有效加强产业综合竞争力和安全性,从而提高中国在全球价值链中的整体位势,已经成为相关各界必须下大力气思考的重大课题。近两年来,国家各部委将两业融合作为提升全国产业竞争力、全面优化经济结构,以及孕育发展新动能的重要战略举措,加大了两业融合的推进力度,相继出台《关于推动先进制造业和现代服务业深度融合发展的实施意见》《关于进一步促进服务型制造发展的指导意见》《关于加快推动制造服务业高质量发展的意见》等指导文件,明确了一系列两业融合的典型模式和重点领域,对于全国开展两业融合的创新实践工作提供了重要指引和支持。

长三角区域作为中国经济发展的核心引擎,已经率先开启、先行实践,在两业融合的发展上打下了一定基础。从中国服务型制造联盟发布的《服务型制造区域发展指数(2020)》来看,长三角地区在两业融合的探索上已经走在了全国前列,浙江、江苏、上海、安徽的综合排名分别位列全国第一、第二、第四、第七位。

上海:两业融合成为强化高端产业引领功能的重要支撑

上海一直是中国先进制造业发展的重镇,许多大国重器都来自上海制造。在上海着力打造的"四大功能"中,高端产业引领功能占据着非常重要的地位。

表 1 三省一市"十四五"两业融合相关内容

地区	制造业规划	服务业规划
上海	《上海市先进制造业发展"十四五"规划》： 加快制造业和服务业融合发展，大力发展知识密集型的新兴生产性服务业态，强化生产性服务业对六大高端产业集群的支撑服务，全面提升服务型制造能力，推广智能制造、绿色制造、共享制造、楼宇制造等新制造模式	《上海市服务业发展"十四五"规划》： 以发展在线新经济为抓手，创新数字赋能型信息服务、发展智力驱动型专业服务、提升资源整合型集成服务，在数字赋能、跨界融合、前沿突破、未来布局等方面占据发展主导权，抢占高端生产服务价值链制高点
江苏	《江苏省"十四五"制造业高质量发展规划》： 促进制造与服务深度融合。以拓展制造业价值链、向高附加值环节延伸为方向，大力推广定制化服务、供应链管理、共享制造、全生命周期管理、总集成总承包等服务型制造新业态新模式	《江苏省"十四五"现代服务业发展规划》： 到2025年，先进制造业与现代服务业融合发展程度显著提高，生产性服务业对制造业高质量发展的支撑引领作用更加突出
浙江	《浙江省全球先进制造业基地建设"十四五"规划》： 促进制造业和现代服务业深度融合。培育制造新业态新模式。支持服务型企业向制造环节延伸。提升制造业企业价值链水平	《浙江省现代服务业发展"十四五"规划》： 开展融合促进工程。强化服务业对先进制造业的全产业链支撑作用，提升研发设计、物流、电商、金融等专业化服务能力。加快培育融合发展新业态新模式，大力发展智能化解决方案服务，推广柔性化定制、共享生产平台、智能工厂等模式，鼓励设计、制造、施工等领域骨干企业发展总集成总承包、全生命周期管理、全过程工程咨询，提供整体解决方案
安徽	《安徽省国民经济和社会发展第十四个五年规划和2035年远景目标纲要》： 将服务型制造作为新型制造工程的重要部分。建立健全基于制造和产品的专用服务系统。鼓励制造业企业逐步突破生产和服务、企业和社会的组织边界，发展平台经济。鼓励企业由提供设备、产品向提供系统解决方案、总承包服务方向转变	《安徽省国民经济和社会发展第十四个五年规划和2035年远景目标纲要》： 服务业高质量发展。扎实推进国家先进制造业和现代服务业深度融合试点。大力培育服务业新业态新模式。把握数字化、网络化、智能化发展趋势，加快数字技术与服务业深度融合，催生新业态新模式

资料来源：作者整理。

上海集聚的一流制造业早已走上服务型制造的道路,上海汽车、装备、航空等先进制造业龙头企业不少都在拓展研发设计、品牌管理、现代供应链、检测维修等高增值服务。

当然,众所周知,过去 20 年,上海产业结构中服务业比重快速上升,制造业比重不断下降。2020 年,上海服务业增加值占全市生产总值的比重达到 73%,吸收了全市绝大部分的固定资产投资和实际利用外资。在上海服务业高度繁荣之下,"实体经济"发展面临隐忧。近年来,上海坚定落实"脱虚向实"的战略导向,在上海市"十四五"规划纲要中提出要"努力保持制造业占全市生产总值比重基本稳定",亮明了大力扶持制造业发展的态度。

实际上,如果我们从两业融合的视角来看,过去十多年,尽管上海制造业承受着巨大的发展压力,甚至许多环节已经外迁,但生产性服务业却在上海大量沉淀、快速发展。根据《上海市先进制造业发展"十四五"规划》和《上海市服务业发展"十四五"规划》,"十三五"期间,上海生产性服务业重点领域营业收入超过 3 万亿元,全市生产性服务业功能区单位土地面积营业收入高达 319 亿元/平方公里,2020 年全市生产性服务业占服务业比重超 63%,接近发达国家 70%的水平。

由此可见,上海推动两业融合发展的核心依然是为了支撑制造业发展,夯实高端产业引领功能。强大的金融、研发、设计、咨询、管理等服务能力,以及对标准规则等的掌控能力,是"上海服务"支撑上海及全国制造转型升级的底气所在。

正是因为"两业"融合发展,上海的制造业与服务业之间不再是非此即彼甚至此消彼长的关系,而是向着同一个目标,殊途同归、相向而行。例如，作为上海唯一的国家级两业融合试点区域，松江区以启迪漕河泾科技园为两业融合引擎，通过"研究院＋孵化加速器＋共享研发平台＋产业基金"的模式，重点打造集聚科研、制造、专业服务的分析技术产业集群，把握住了产业融合的技术、标准关键节点。

江苏：两业融合是构建自主可控产业体系的重要一环

江苏制造业规模居全国首位，产业集聚水平和产业链内部配套协作水平较高。2020 年国内"百强园区""工业百强县"的名单里，来自江苏的地区占据了约四分之一的名次。江苏是中国建设"制造强国"当之无愧的关键性省份。

近年来，江苏一直高度强调打造自主可控安全高效的现代产业体系，这一总体要求也在"十四五"规划中延续，并且成为江苏两业融合发展的重要底层逻辑。

目前对中国产业安全发展的最直接挑战是产业链关键环节的"卡脖子"问题，许多关系国计民生的重要领域中，我们不仅缺少许多关键性的装备和仪器等硬件，也在许多重要环节缺乏拥有自主知识产权的软件。例如，在智能制造高度依赖的工业软件领域，中国制造业企业仍大量依赖美国、欧洲和日本的技术、软件和服务产品，尽管在不少领域已经形成备案，但从成本、效率和稳定性等角度来看，还存在非常大的差距。

在此方面，江苏投入了大量资源，提出加快制造技术软件化进程，开展基础软件、高端工业软件和核心嵌入式软件等产品协同攻关适配,培育工业软件创新中心,建设全国顶尖的工业软件企业集聚高地。如江苏省科技厅发布的省重点研发计划项目指南中便明确将电子设计自动化(EDA)平台设计技术、智能机器人控制软件、高端数控机床的控制软件及系统集成技术等诸多软件能力列为需要重点攻坚的"卡脖子"环节。又如苏州在2020年成功创建长三角唯一的国家级工业软件协同攻关平台,通过将相关技术企业、研究所、大学等组成产学研联合体,围绕研发设计类、生产制造类和运维服务类等关键工业软件开展协同创新攻关,并面向工业软件在汽车和航空发动机、空天推进器等领域的典型应用场景,先行搭建起产品应用验证环境与工业软件测试验证环境。不难发现,两业融合已然成为保障产业链安全可控的必由之路。

除此之外,作为制造业强省,江苏各个地市也都高度重视通过两业融合发展,培育壮大产业经济的新增长点。例如,张家港作为江苏省的国家级两业融合试点,构建起"区域综合性服务平台＋行业专业平台＋公共服务平台"的平台体系,通过智能制造赋能、公共服务赋能、专业服务赋能等结合的赋能体系,有效降低企业选择和应用各项服务的成本,让企业专注主业高质量发展。

浙江:数字化改革驱动两业融合纵深推进

截至目前,浙江是长三角地区唯一针对两业融合出台了省级实施意见的区域,更是在2021年上半年发布《浙江省两业融合试点创优导则(试行)》,提出要打造全国两业融合发展引领区。

就两业融合的发展情况而言,浙江同样不遑多让,在《服务型制造区域发展指数(2020)》中获评全国第一,在全国服务型制造示范数量中位列第二,在国家级两业融合试点中共斩获五席。那么,是什么让浙江的两业融合走在全国前列,浙江的两业融合又遵循着怎样的发展主线呢?

一方面,两业融合与浙江全力发展的数字经济在很大程度上互为表里。数字经济是两业高质量深度融合的底层支撑和催化剂,在《浙江省推动先进制造业和现代服务业深度融合发展的实施意见》提出的"五化"融合路径中,数字化被放在首位。浙江以工业互联网平台和集成应用信息化系统为抓手,深化企业研发设计、生产销售、采购分销、物流配送等全流程全链条数字化转型,加快实现智能化生产和智慧化管理。

发展两业融合与数字经济对产业应用场景的探索需求是一致的,浙江省发改委《关于推动先进制造业和现代服务业深度融合发展的实施意见》中列举的智能工厂、工业互联网创新应用、柔性化定制、共享生产平台等典型融合案例,同样也是数字经济的应用案例。浙江数字经济发展"十四五"规划中,还特别提出了服务化延伸的发展方向。可见,浙江的数字经济和两业融合战略已经在很大程度上实现了融合。

另一方面,两业融合与浙江块状经济的转型升级要求匹配。浏览浙江于2020年发布的第一批省级两业融合试点名单,可以发现,区别于其他地区,大部分试点都是"县级市+特色产业集群"。例如,乐清市电工电气产业集群、龙泉市汽车空调产业集群等融合试点,都是浙江典型的块状经济集群。

如果说高新技术产业是所有区域的共同追求,块状经济则是浙江特有的产业集聚形态。由于块状经济结构普遍较为传统,对全省经济就业的影响力又很大,浙江早早便开始谋划块状经济的转型升级,其中的一大抓手便是研发设计服务的赋能。例如,早在 2011 年,浙江便出台《浙江省人民政府关于推进特色工业设计基地建设加快块状经济转型升级的若干意见》,要求以基地建设为依托,以工业设计为重要抓手,推动制造业与服务业融合发展,为中小企业提供创新服务,推动块状经济向现代产业集群转型升级。

两业融合的实施过程中,浙江还针对块状经济的多元化特点,提出因地、因产而异的发展路径,包括在两业融合"10+X"重点领域中兼顾轻纺工业和服务深度融合、农副产品加工和消费融合等优势特色领域,以及针对制造业发达地区、服务业发达地区、山区 26 县等不同区域特点分类提出指引等。

安徽:两业融合助推产业向价值链高端环节攀升

近年来,合肥、芜湖等地城市实力和知名度的提升,为安徽吸引了越来越多的关注和目光。但总体而言,目前安徽的发展基础仍相对薄弱,内生动力总量略显不足。如何依托长三角一体化趋势,在产业承接中升级,在升级中赶超,仍将是安徽在未来相当一段时间内发展的优势和筹码。

从这个角度看,"十四五"时期,安徽推动两业融合发展至少有两方面的考量。一方面,大力发展两业融合是安徽承接更高水平产业转移的必然要求。在江浙沪地区制造业与服务业加速融合的背景下,对外转移的制造业也必然对生产性服务有更高水准的要求。因此,安徽必须对制造和服务两手抓,促进两类产业融合互促发展。另一方面,两业融合也为安徽赶超发展提供了新的契机。在两业融合新业态新模式大批涌现的情况下,系统集成能力、跨学科领域的新型技术应用能力、标准体系控制能力等将日益成为决定产业综合竞争力的关键因素。安徽应充分吸收江浙沪现代服务发展经验,发挥合肥对智力创新要素的集聚作用,积极谋划在未来业态和商业模式的发展上实现弯道超车,构筑自身独特的发展竞争优势。

安徽已经将服务型制造提升到与高端制造、智能制造、绿色制造、精品制造等并列的战略高度。在《安徽省实施长江三角洲区域一体化发展规划纲要行动计划》中,将"推动先进制造业和现代服务业深度融合"作为重要内容单独列出,要求打造高水平服务业集聚区,借力沪苏浙加快现代服务业集聚集群发展,并努力在服务标准和品质上持续向"上海服务"看齐。

拥有苏州河最长岸线，普陀如何发展水岸经济

王国平　曾　刚　刘士林　杨亚琴　易臻真[*]

　　早在 2007 年 9 月 4 日,时任上海市委书记的习近平在普陀区调研时指出,要"挖掘百年工业文明,传承历史文脉,着力发展水岸经济,促进沿岸文化创意产业的集聚"。2021 年 8 月 31 日正式发布的《上海市"一江一河"发展"十四五"规划》提出,苏州河两岸地区将初步建成超大城市宜居生活典型示范区,基本建成多元功能复合的活力城区、尺度宜人有温度的人文城区、生态效益最大化的绿色城区。普陀拥有上海中心城区最长的苏州河岸线、最多的苏州河河湾,依傍在母亲河畔,传承着百年民族工业文明,理应以青春之姿向着创新之城、人文之城、生态之城前行。作为上海市重点转型区域的先行者和普陀区的"西大堂",桃浦智创城以成为凝聚人气的公共活动新地标为目标,在城市"生活秀带"和"发展绣带"转型发展中肩负着特殊重要使命。

　　作为中心城区重要的转型区,普陀桃浦应利用绿色低碳发展新契机,从建设基础设施、布局特色产业、加快数字化转型、推动中心辐射

　　* 王国平,上海市委党校原常务副校长、上海市马克思研究会会长;曾刚,华东师范大学城市发展研究院院长、终身教授;刘士林,上海交通大学城市科学研究院院长;杨亚琴,上海社会科学院智库研究中心首席专家;易臻真,华东师范大学城市发展研究院副教授。

效应等四个方面着手,谋求高质量发展。在 2021 年 9 月 26 日的"桃浦论坛"①上,上海市委党校原常务副校长、上海市马克思研究会会长王国平教授强调,产业生态化的内涵是双重生态化,包括低碳、循环经济在内的自然生态化,以及社会生态化,即产业的结构生态化,产业自身的结构能产生内在的生态化效应。同时,重点转型区域要率先探索构建"三转一下沉"机制("三转"即社区围绕居民转、街道围绕社区转、部门围绕街道转;"一下沉"即资源下沉),践行"人民城市为人民"重要理念。政府各部门应充分对接街道需求,街道扎实解决社区问题,社区关心百姓所需,构建一套行之有效的制度经验。

普陀高质量发展,离不开水岸经济的强力支撑。教育部人文社科重点研究基地·中国现代城市研究中心主任、华东师范大学城市发展研究院院长曾刚教授指出,依托"一江一河"开发机遇,水岸经济的发展不仅使普陀传统的工业文明得以传承,更使普陀拥有面向未来的光明前景。普陀拥有上海中心城区最长的苏州河岸线、最多的苏州河河湾,水岸资源丰富,上海市内首屈一指。黄浦江边的陆家嘴、太平湖畔的新大地,以及法国巴黎塞纳河左右岸、瑞典斯德哥尔摩皇家海港城都为普陀的城市更新、绿色发展提供了有益借鉴。为此,普通区首要任务是形成"水岸经济·城市绿心"的新共识、新品牌。其次是要构建专业团队来发展高品质水岸经济。汇聚全球精英人才,共同开发水岸自然与人文资源,再造新普陀。最后是要认清普陀绿色本底的独特优

---

① "桃浦论坛"(Shanghai Top Forum)由上海市重点区域转型发展领导小组、上海市普陀区桃浦智创城开发建设管理委员会和教育部人文社会科学重点研究基地·中国现代城市研究中心共同主办。本期活动聚焦"水岸经济·城市绿心"。出席嘉宾还有华东师范大学原党委副书记罗国振教授、桃浦智创城开发建设推进办应明德常务副主任等。

势与科创水平不高并存的现实,着力推动各类要素资源向普陀、向水岸集聚,致力于将水岸打造成先进文化的汇聚之地、融合发展的创新高地。同时,要以高精特优企业培育、天地软件园、苏河文创带、环中央公园总部区建设为重点,优化普陀发展环境,提升科创能力及水平,推动高质量协同发展。

努力打造人文型智慧城区,关键在于提高信息化基础设施对百姓的服务能力和水平。上海交通大学城市科学研究院院长刘士林教授认为,超大城市现代化治理需要注重以下三方面:一是要注重个别的、特殊的、非常规的社会需求。注重个体差异性,特殊需求能否在智慧城市系统里得到及时响应,是决定智慧城市成功与否的关键之一。二是要用人文规划引领超大城市治理精细化发展。应该借助信息化手段,大幅提高对个体、偶发等不同类别城市因素的快速搜集、分析、处理能力。三是要加强工作人员培训,弘扬为人民服务的精神。只有将精神、技能与技术、装备有机结合起来,才能实现城市智慧化、人文化的高效管理。

普陀及桃浦未来科学发展需要智库的参与与支持。上海社会科学院智库研究中心首席专家杨亚琴研究员指出,作为创新主体之一,应该激发智库活力,让智库在城市更新和发展中发挥更大作用。智库具备一个重要社会功能,即搭建政府决策与科学研究的桥梁和纽带。各类智库在连通政府决策、舆论宣传、企业发展方面,具有独特平台优势。希望普陀及桃浦利用好各类智库平台及智库专家专业力量,为上海、中国乃至世界城市更新提供高水平解决方案和实践样板。

这份文件透露了 2022 市民化的三个重点

朱玫洁[*]

近日,国家发展改革委印发《2022 年新型城镇化和城乡融合发展重点任务》(以下简称"2022 年《重点任务》")。每年,这份文件对整年的农业转移人口市民化、新型城市建设、城市群与都市圈发展、城乡融合等重点工作做出安排。其中,与市民息息相关的户籍制度改革、公共服务供给等领域的新动向备受关注。从近五年的《重点任务》看,大城市降低落户门槛的系列举措在持续推进,也取得一定成效。2022 年《重点任务》强调"提高农业转移人口市民化质量",细化公共服务向常住人口覆盖的相关工作,并继续呼吁有条件的都市圈或城市圈进行户籍准入年限同城化累计互认。与往年不同的是,2022 年《重点任务》还特别关注扩大农民工参保、规范零工市场等工作。

连续两年推进都市圈"互认"

近日发布的一组城镇化数据引人注目。2021 年,常住人口城镇化

＊ 朱玫洁,澎湃研究所研究员。

率达 64.72%，较上一年提高 0.83 个百分点；户籍人口城镇化率达 46.7%，较上一年提高 1.3 个百分点。户籍人口城镇化率的提高幅度大于常住人口城镇化率，这是自"十三五"以来两个城镇化率首次缩小差距。这也意味着近年降低落户门槛、推进人口市民化等户籍制度改革取得阶段性成效。纵观近五年的《重点任务》，农业转移人口市民化一直是这一文件中的首要任务，户籍制度改革的步子也逐年加快。2018 年《重点任务》提出"Ⅱ型大城市不得实行积分落户，Ⅰ型大城市中实行积分落户的要大幅提高社保和居住年限的权重"。至 2019 年，政策很快升级为 Ⅱ型大城市要全面取消落户限制、Ⅰ型大城市要全面放开放宽落户条件。2020 年继续督促上述政策落实，并鼓励各城市简化落户手续。

在单个城市放宽落户之后，2021 年、2022 年连续两年的《重点任务》提出，"推动具备条件的都市圈和城市群内户籍准入年限同城化累计互认"，将户籍改革推向都市圈、城市群层面。都市圈户籍准入年限同城化累计互认，被视为推动劳动力平稳流动，释放市场活力的重要探索。考虑到Ⅰ型大城市、Ⅱ型大城市已全面放宽、放开落户限制，外界更多关注都市圈中核心大城市（往往是超大特大城市）能否接受与周边城市的落户累计年限互认（如上海与上海都市圈城市），或者城市群中仍有落户门槛的几座强市之间能否进行互认（例如长三角的南京、杭州、苏州）。如果几个城市彼此互认社保累计年限，人才在这些城市间流动时，无需顾虑户籍的问题，可让市场更好配置人才这一要素资源。

上海交通大学安泰经济管理学院特聘教授陆铭认为，这是从传统

表 1 2018—2022《重点任务》落户门槛的部分内容节选

2018 年	2019 年	2020 年	2021 年	2022 年
1. 中小城市和建制镇要全面放开落户限制。 2. 大城市对参加城镇社保年限的要求不得超过 5 年,其中Ⅱ型大城市不得实行积分落户,有条件的城市要进一步降低社保年限要求;Ⅰ型大城市中实行积分落户分项目的要大幅提高社保和居住年限的权重,鼓励取消年度落户数量限制。 3. 超大特大城市和新区、所辖市县、制定差别化落户条件,探索搭建区域间转积分和转户籍通道。	1. Ⅱ型大城市全面取消落户限制。 2. Ⅰ型大城市要全面放开放宽落户条件,并全面取消重点群体落户限制。 3. 超大特大城市要调整完善积分落户政策,大幅增加落户规模、精简积分落户项目、确保社保缴纳年限和居住年限分数占主要比例。	1. 督促城区常住人口 300 万以下城市全面取消落户限制。 2. 督促Ⅱ型大城市和中小城市全面取消落户限制,进一步促进劳动力和人才社会性流动。 3. 推动城区常住人口 300 万以上城市基本取消重点群体落户限制。 4. 鼓励有条件的Ⅰ型大城市全面取消落户限制,超大特大城市取消郊区新区落户限制。	1. 推动进城就业生活 5 年以上和举家迁徙的农业转移人口,在城镇稳定就业生活的新生代农民工、农村学生升学和参军进城的人口等重点人群便捷落户。 2. 城区常住人口 300 万以下城市落实全面取消落户限制政策,实行积分落户政策的城市确保社保缴纳年限和居住年限分数占主要比例。 3. 推动和都市圈内社保缴纳年限和居住年限累计互认。	1. 城区常住人口 300 万以下城市落实全面取消落户限制政策。 2. 实行积分落户政策的城市确保社保缴纳年限和居住年限分数占主要比例。 3. 鼓励人口集中流入城市区分中心城区和新区郊区等区域,制定差异化落户政策。 4. 推动具备条件的都市圈和城市群内户籍人年限和居住年限累计互认。

注:Ⅰ型大城市:城区常住人口 300 万—500 万,Ⅱ型大城市:城区常住人口 100 万—300 万。
资料来源:摘自 2018—2022 年《新型城镇化和城乡融合发展重点任务》《新型城镇化建设重点任务》。

的户籍制社会向人口自由流动的社会转变的一种过渡性政策。2020年发布的《中共中央国务院关于构建更加完善的要素市场化配置体制机制的意见》指出，"探索推动在长三角、珠三角等城市群率先实现户籍准入年限同城化累计互认"。长三角、珠三角率先探索是一个指导方向，具体实践还要看各城市的有关安排。目前，两大城市群中的部分城市开始行动。广州拟对珠三角、长三角城市推出户籍积分累积认可，被视为向长三角"抢人"的信号。佛山拟将珠三角城市社保缴纳年限纳入落户认可。宁波将长三角"三省一市"的社保缴纳年限纳入落户累计。南京在2021年的落户新政中提出"在省内其他城市的居住和社保缴纳年限，申请落户时纳入我市累计认可"。

五年"三提"新城新区差异化落户

2022年《重点任务》户籍改革上的另一个亮点是，"鼓励人口集中流入城市区分中心城区和新区郊区等区域，制定差异化落户政策"。有观点认为，这是近两年精细管理的新举措。实际上，差异化落户的设想由来已久。早在2018年已写入当年的《重点任务》——"超大城市和特大城市要区分城区、新区和所辖市县，制定差别化落户条件，探索搭建区域间转积分和转户籍通道"。2020年的《重点任务》也提过"超大特大城市取消郊区新区落户限制"。也因此，2022年虽未点明"超大特大城市"，但这一政策仍被认为主要针对发展迅速、落户仍有门槛的超大特大城市，包括四大一线及许多新一线城市（据第七次全国人口普查数据,中国超大城市有 7 座:上海、北京、深圳、重庆、广州、成都、天津;特大城市有 14 座:武汉、东莞、西安、杭州、佛山、南京、沈阳、青岛、济南、长沙、哈尔滨、郑州、昆明、大连)。

目前户籍改革工作的"深水区"正在于超大特大城市。在面临既有发展需求,又有承载限制的"两难"下,新区郊区或将成为纾解落户需求的"松动点"。近两年,差异化落户在各地有零星的探索,将人口更多导入新城新区。在 2020 年发布的成都积分入户细则(沿用至今)中,按照申请人选择入户区域计算分值,申请入户在"二圈层"近郊加 10 分,申请入户在远郊新城加 20 分,申请入户在成都东部新区加 30 分。2021 年,南京出台暂行办法,全面放宽浦口、六合、溧水、高淳区城镇地区落户限制,对上述四区居住证、缴纳城镇职工社会保险 6 个月以上的人员,即可办理落户。2021 年,上海也发布新政放宽"五个新城"既五大郊区的落户门槛,将公共卫生、教师等人才向新城新区加速导入。

事实上,差异化落户也与大城市疏解中心城区功能、加速建设新城新区的趋势相呼应。2022 年发布的《重点任务》强调,"中心城区人口密度高且人口持续流入的超大特大城市要有序实施功能疏解。高质量高标准推进国家级新区建设,完善郊区新城功能,推动组团式发展"。长期以来,新城新区的教育、医疗、文化等公共服务水平与中心城区之间存在落差,使城市的组团式发展难以落实。接下来,通过差异化落户引导人口向新城新区集聚,这也势必要求加速补齐新城新区公共服务供给的短板,增强新城新区"留住人"的城市综合功能。同时,差异化落户之后,如何探索搭建区域间转积分和转户籍通道也是要应对的问题。

首次聚焦农民工参保与就业服务

随着落户门槛的逐步放宽,"新市民融入城市"成为《重点任务》近年重点关注的命题。连续多年,《重点任务》力推基本公共服务向常住人口覆盖。包括常住人口随迁子女的教育、异地就医跨省结算等问题。

2022 年《重点任务》在上述领域提出更细致的要求。比如,扩大公办学位资源,落实以居住证为主要依据的随迁子女入学政策,实现每县开通至少一家联网定点医疗机构开展门诊费用跨省(异地就医)直接结算等。除此之外,2022 年《重点任务》对农民工群体进行了格外关注。

近五年来,《重点任务》对于农民工技能培训一直有所部署,但2022 年首次大幅涉及农民工参保、就业服务等问题。农民工长期作为灵活就业群体,时常面临劳动关系认定困难的问题,一些用工企业为规避法律责任、降低成本,不与从业者签订书面劳动合同,或以劳务合同、承揽合同等其他形式的合同替代。

据全国政协委员、北京金台律师事务所主任皮剑龙所进行的调研,43％的从业者与平台或第三方劳务派遣公司签订了劳动合同,29％的从业者签订了劳务协议,21％的从业者没有签订任何形式的合同或协议。这导致这部分劳动者游离在传统的劳动关系与高保障的

表 2　2018—2022 年《重点任务》常住人口基本公共服务覆盖的部分节选

2018 年	2019 年	2020 年	2021 年	2022 年
1. 实现居住证制度覆盖城镇全部未落户常住人口，鼓励各地逐步提高居住证持有人口享有的公共服务和便利项目。 2. 以居住证为载体向未落户常住人口提供城镇基本公共服务及办事便利，鼓励都市圈内居住证互认。 3. 落实"两为主、两纳入"要求，实现公办学校普遍向随迁子女开放。 4. 整合城乡居民基本医疗保险制度，强化基本医保、大病保险和医疗救助制度的衔接，发展远程医疗服务。	1. 确保有意愿的未落户常住人口全部持有居住证，鼓励各地附加的公共服务和便利项目。 2. 在随迁子女较多城市及大教育资源供给、实现公办学校普遍向随迁子女开放，完善随迁子女在流入地参加高考的政策。 3. 全面推进建立统一的城乡居民医保制度，提高居民医保就医院住院费用线上结算率，推进医院高质量发展。 4. 推进城乡居民养老保险参保扩面，指导各地区基本养老保险制度建立城乡居民基础养老金正常调整机制。	1. 提高居住证发证量和含金量，推动未落户常住人口逐步享有与户籍人口同等的城镇基本公共服务。 2. 运用信息化手段建设便捷高效的公共服务平台，加快养老保险全国统筹进度，完善基本医保异地就医跨省异地就医费用直接结算制度，做好社会保险关系转移接续，方便人口流动。 3. 增加学位供给，指导各地区以主要依据的随迁子女入学入园政策，使其享有普惠性学前教育。	1. 鼓励在人口集中流入城市扩大义务教育阶段公办学校学位供给，优化事业编制调配，增加教师编制数量。 2. 支持有条件地区将未落户常住人口纳入普惠性学前教育范围。 3. 完成养老保险全国统筹信息系统建设。 4. 推进普通门诊费用跨省异地就医直接结算。	1. 保障农民工随迁子女平等接受义务教育，落实以居住证为主要依据的随迁子女入学政策，优先将随迁子女占比较高的民办义务教育学校纳入政府购买学位范围。 2. 以新生代农民工为重点，推动参保扩面，合理引导灵活就业农民工按规定参加基本医疗保险和基本养老保险。 3. 实现每县开通至少一家联网定点医疗机构开展门诊费用跨省直接结算。 4. 推进落实新就业形态从业人员工伤保险保障试点。 5. 有条件的地区要落实本地外埠老年人同等享受本地优待项目。

资料来源：摘自 2018—2022 年《新型城镇化和城乡融合发展重点任务》《新型城镇化建设重点任务》。

社保体系之外。对于外地的灵活就业群体，考虑非本地户籍难以享受当地公共服务，参保意愿更低，难以完全融入城市。

　　近年，在各大城市放宽大学生落户条件后，深入推进市民化的重点正在于农民工群体。农民工群体"一只脚在城市外"的现象不仅涉及户籍制度，也与灵活就业市场对于劳动者权益保护待完善有关。户籍、公共服务、灵活就业、社保可谓环环相扣。也因此，2022 年《重点任务》不仅关注社保层面，提出"以新生代农民工为重点推动参保扩面，推动企业为农民工缴纳职工养老、医疗、工伤、失业、生育等社会保险费，合理引导灵活就业农民工按规定参加基本医疗保险和基本养老保险"，更关注农民工群体的就业服务。其中提到，2022 年将"规范平台企业用工，建设一批规范化零工市场"，"健全劳务品牌质量体系和评价标准"，"清理整顿人力资源市场和劳务派遣等领域秩序，严厉打击就业歧视和非法职介等侵权行为"。建设更加稳定、友好的用工环境，也是推动农民工群体市民化的基础。

建议在上海四地探索设立"暗夜保护地"

杨小明 *

很多 20 世纪七八十年代生在农村的朋友都应该会有这样的记忆：夏夜，在户外纳凉，躺在凉床或躺椅上就可以看到天上的璀璨银河。但是随着工业化和城市化深入推进，空气污染与光污染日益严重，地球外围大气圈层"混沌度"日益提高，导致自然的昼夜模式被破坏，使得仰望星空成了一种奢望。现在不仅在城市（有研究说，约有三分之二的全球城市已经看不到星空），即使在大部分农村也看不到银河和主要星座，夏天的夜晚也很难看到满天星辰。对当下的孩子尤其是生活在城市中的孩子而言，"数星星"竟然成为一种奢侈品。

面对人类共同的星空资源和遗产正在消失的大趋势，全球不少科学家和环境保护人士呼吁，应该重视应对日益严重的光污染。国际暗夜协会（International Dark-Sky Association，IDA）、世界自然保护联盟等国际组织提出了"暗夜保护地"的概念，按照所处位置及覆盖广度、申报严格程度等标准主要分为城市暗夜区、国际暗夜社区、国际暗夜公园、国际暗夜保护区与国际暗夜庇护区等五种类型（表 1），并在全

* 杨小明，福卡智库高级咨询顾问。

表 1 IDA 划分的 5 类暗夜保护地

分 类	定 义	严格程度	数量	IDSP 在中国
城市暗夜区 UNSP	城市暗夜区设置用于教育公众了解,什么是满足公众安全基础上,同时最大限度减少对自然夜间环境的潜在危害的照明。市政公园、开放空间、观察点等靠近或被城市环境包围的区域都可申请	☆	官网未统计	/
国际暗夜社区 IDSC	位于城镇中的社区,通过制定实施优秀户外照明计划,促进暗夜保护工作和照明设施管理,推动面向公众的暗天空教育、宣传活动	☆☆	32	/
国际暗夜公园 IDSP	共有/私有的拥有特殊或卓越星空和暗夜环境的公园,拥有特殊的科学、教育或自然文化遗产保护特质,并对公众开放的区域	☆☆☆	104	1
国际暗夜保护区 IDSR	在符合 IDSP 要求的基础上,拥有 1 片符合要求的天空质量和自然暗夜的最低标准核心区,以及一个支持核心区保护的外围区联合组成。通过保护规划,多方合作,长期推进暗夜保护工作	☆☆☆☆	18	/
国际暗夜庇护区 IDSS	在符合 IDSP 要求的基础上,位于偏远地区,生态环境脆弱,附近没有威胁暗夜星空的照明设施,通过设定国际暗夜庇护区提高公众对暗夜保护的认知,促进长期保护	☆☆☆☆☆	14	/

资料来源:宋子燕等,《国际暗夜社区:离都市最近的星空公园》,2022 年 3 月,中规院。

球开展暗夜保护地认证与评选。

截至 2021 年 12 月,《世界暗夜保护地名录》已更新至 293 个。2018 年,经世界自然保护联盟暗夜委员会审核,中国西藏阿里和那曲两地的"暗夜保护地"被正式收录到《世界暗夜保护地名录》中,成为中国首批获得国际组织认可的暗夜保护地。截至目前,除了阿里和那曲,中国还有黄海湿地野鹿荡、山西洪谷、江西葛源、河北照金等地入选《世界暗夜保护地名录》。

进入新时代,国内很多大城市也陆续探索"暗夜保护"并提出发展"暗夜经济"。在这方面,成都、深圳等地走在前列。如成都市于 2019 年 9 月发布《成都市中心城区景观照明专项规划(2017—2025)》,提出"城市景观照明将采取亮灯分时控制等六大节能措施,重点针对住宅区及周边进行专门研究,减少光污染。其中针对亮灯分时控制,分为'节假日、平时、深夜'三种模式……","按照该亮则亮、该暗则暗、合理分区、光暗平衡,减少城市光污染源产生的原则,划定暗夜保护区,包括龙泉山城市森林公园、环城生态区及其他自然生态区、居民集中区、工业区等"。

又如深圳市于 2021 年 9 月发布《深圳市城市照明专项规划(2021—2035)》,提出"将建设大鹏星空公园,打造深圳市暗夜保护示范区","将依托位于大鹏新区西涌的深圳市天文台建设'大鹏星空公园',规划星空体验区、望远镜观测区及旅游服务区,观赏深圳暗夜星空自然资源,形成集夜空保护、星空观测、星空摄影、度假旅游、科普讲解于一体的特色夜间活动……力争将该公园建设成为'平衡城市夜间公众活动与生态保护需求'引领城市新型夜间经济形式(暗夜经济)发展的先行示范区"。划定暗夜保护区,开展暗夜保护,引领夜间的生态修复与暗夜经济,是深圳城市发展的一大创新和亮点。

上海是一座拥有 2 500 万人口的大都市,灯火辉煌,绚烂的夜景是上海城市的一张名片。在中国夜景卫星图中,上海无疑是长江口最引人注目的一颗璀璨明珠。但硬币的反面就是,上海的光污染严重,城市照明及夜晚景观的绿色环保程度还有待提高。如何将缤纷的视觉体验度转化为市民的幸福感和获得感,是一个值得思考的问题。上海有必要以优化照明体系为抓手,探索推动暗夜保护乃至发展暗夜经济,这在践行"双碳战略"的当下更有现实意义。根据全面分析与深入比较研究,我们认为上海有四个地方可以考虑设立"暗夜保护地",第一处是松江佘山,第二处是崇明东滩,第三处是奉贤海湾,第四处是临港南汇新城(表 2)。长三角生态绿色一体化发展示范区也可以探索暗夜保护及暗夜经济。但由于跨行政区,此处不展开,可另行研究。

表 2 上海四地设立"暗夜保护地"的探索

	松江佘山	崇明东滩	奉贤海湾	南汇新城
星空质量	附近建成区密集,住宅及商业设施集中,辉光等光污染严重	周边光污染轻,视宁度好	光污染较轻,视宁度较好	附近建成区密集,工厂、住宅、商业等星罗棋布,光源繁杂,光污染较严重
景观景点	上海佘山国家旅游度假区(广富林遗址、辰山植物园、欢乐谷)	崇明东滩湿地公园	碧海金沙、上海海湾国家森林公园、都市菜园	滴水湖、上海航海博物馆、上海天文馆、鲜花港、海昌海洋世界
交通配套	地铁 9 号线、G60 高速、G50 高速、G1503、嘉松公路	G40、地铁崇明线(在建)	地铁 5 号线、沪金高速、G1503	地铁 16 号线、S2 公路、临港大道
其他配套设施	周边酒店、餐饮、娱乐、零售等配套设施完善且成熟,尤其是高等级酒店较多	周边酒店、餐饮、娱乐、零售等配套单薄	周边酒店、餐饮、娱乐、零售等配套单薄	随着南汇新城加快建设,周边酒店、餐饮、零售等配套设施逐步完善

续表

	松江佘山	崇明东滩	奉贤海湾	南汇新城
其他特色	1. 佘山海拔 97 米，是上海之巅；佘山天文台所在地，中国近代意义上的第一座天文台，拥有 40 厘米双筒折射望远镜(被称为"远东第一镜")； 2. 邻近上海最大规模的大学城，大学生规模近 15 万人	《2030 年前碳达峰行动方案》将照明设施的节能升级改造列入城市节能降碳重点工程，治理光污染是实现"双碳"战略的有效路径，也是崇明打造世界级生态岛的题中应有之义	1. 地处杭州湾北岸，具备上海地区较好的海滨沙滩资源； 2. 邻近海湾大学城，大学生规模近 10 万人	1. 上海天文馆所在地，拥有国内口径最大科普望远镜、专业级太阳望远镜、全球最先进的新型光学天象仪等专业观星设施设备； 2. 拥有临港大学城，大学生规模近 6 万人
建议	1. 旅游资源丰富，可拓展星空旅游，打造足不出"沪"驴友基地，与其他丰富的旅游资源联动； 2. 需加强统一规划，加强光污染治理，优化星空环境，以佘山为中心，周边半径 3 公里为核心积极认证"上海之巅国际暗夜公园"； 3. 用好天文台资源，创新经营模式，拓展暗夜经济、星空经济	1. 大力拓展房车、民宿等旅游设施，打造儿童夏令营、乡村体验旅、观鸟科普营等旅游产品； 2. 完善周边酒店、餐饮、娱乐等配套设施，同时加快优化周边微观交通； 3. 利用光伏、风能等新能源，完善所在地及周边照明体系； 4. 以东滩湿地公园为核心，申报"国际暗夜公园"； 5. 结合崇明生态岛建设，以"全岛"范围积极申报和认证"国际暗夜保护区"	1. 大力拓展房车、民宿等旅游设施，积极布局水上运动、游艇码头等旅游设施，持续完善旅游配套设施； 2. 治理存量光污染，优化照明体系； 3. 以北抵随塘河路、西临金汇港、东至海湾森林公园、南靠杭州湾海滨的区域为核心认证"国际暗夜公园/社区"，大力构建上海之南海滨星空体验带	1. 结合新城建设，出台临港新城照明专项规划，大力治理存量光污染，优化增量照明污染，打造可以亲近的星空环境，以滴水湖为中心，半径 3—5 公里区域为核心，积极认证"国际暗夜社区"； 2. 结合临港产业定位，积极发展"LED 照明、植物照明、照明芯片、智慧照明"等细分领域，拓展新能源产业外延； 3. 用好天文馆、航海博物馆等资源，促进"深空与深海"科普资源联动，结合周边旅游资源，打造临港旅游新高地

设立"暗夜保护地",一来可以让市民足不出"沪"就能仰望一片清澈的星空,"与星星对话",助益星空科普,提升市民的获得感;二来可以恢复自然的昼夜模式,改变环境的微妙平衡,促进野生动植物生长,有助于构建良好生态系统;三来可以改善照明体系,防治光污染,有助于节能环保,更好践行双碳战略;四来可以因地制宜,积极拓展暗夜经济或星空经济,促进旅游产业发展,有助于培育新的经济增长点。因此,作为国际化大都市,上海开展"暗夜保护",既有必要性,也有紧迫性。

最后,在总体层面上,针对上海开展暗夜保护,笔者提出如下建议:

第一,及时修订《上海市景观照明总体规划》(2017 版)等有关规划,增加"暗夜保护"相关内容,并出台景观照明规划实施方案,相应成立由绿容、规自、环保、文旅等委办局一体参与的协同工作机制,统筹全市照明体系优化及暗夜保护任务。

第二,有关区政府(松江、奉贤、崇明)或功能区管委会(临港新片区管委会、佘山国家旅游度假区管委会)对所辖区域设立"暗夜保护地"开展可行性研究,制定实施方案并明晰实施路径。

第三,切实推动存量照明体系优化,加强增量照明的高标配置,将智慧照明、绿色照明纳入上海城市发展的"新基建"体系。

第四,加强与上海市照明学会、中国星空会等行业组织的紧密联动,在制定暗夜保护技术方案、申报"国际暗夜保护地"认证等方面获取有力支持。

大城市紧凑化发展可以缓解交通拥堵[*]

李杰伟　陆　铭　卢天一[**]

2022 年 7 月 12 日,国家发展改革委网站发布了《"十四五"新型城镇化实施方案》(以下简称《实施方案》),提出到 2025 年,"中国'两横三纵'城镇化战略格局全面形成,城市群承载人口和经济的能力明显增强,重点都市圈建设取得明显进展"。《实施方案》也继续强调"深化户籍制度改革。放开放宽除个别超大城市外的落户限制,试行以经常居住地登记户口制度"。

同时,2021 年以来,国家发改委先后批复了南京、福州、成都、长株潭、西安五个都市圈的发展规划,各地也在积极规划都市圈发展。由于中国的城市与国际上的城市在定义上有所差异。中国地级市的中心城区、副中心、新城、外围区县的城区,在国际上都是独立的城市概念。因此,中国的大城市如果连片发展,那么实际上已经形成了国际

* 本文原题为"Constructing Compact Cities: How Urban Regeneration Can Enhance Growth and Relieve Congestion",发表在 *Economic Modelling* 第 113 卷(2022 年 8 月刊发),由作者进行大量简化和改写,具体技术细节请参考原文:https://doi.org/10.1016/j.econmod.2022. 105828。本文也是上海市哲学社会科学规划一般项目(2018BJB008)和国家自然科学基金项目(72073094;71834005)的阶段性成果。

** 李杰伟,上海海事大学经济管理学院副教授;陆铭,上海交通大学安泰经济与管理学院教授;卢天一,浙江大学经济学院博士生。

上定义的"都市圈"。2020 年第七次全国人口普查的数据显示,中国有 46 个城市市辖区的人口超过 500 万,有 19 个城市全市的人口大于 1 000 万,如果连片发展,中国未来有望形成众多规模较大的都市圈。

　　大城市和都市圈发展的过程中,交通拥堵、长距离通勤、污染、高房价等"城市病"是备受关注的问题,《实施方案》也强调,要"积极破解'大城市病'"。而大城市或者都市圈在空间布局上采取什么样的发展方式,是紧凑化发展,还是平铺式发展,抑或往外疏散人口,对交通拥堵和城市的可持续发展有重要的影响。在实践中,传统的思想仍然认为,拥堵是由人口向中心城区集中导致的,并认为从中心城区向外疏散人口有利于缓解拥堵。真是如此吗?

城市空间结构的类型

　　我们先来看看全球城市的城市空间结构和拥堵状况。通过查阅全球数百个城市的航拍照片、鸟瞰图和人口空间分布图,我们总结出城市空间结构几种粗略的类型。这几种类型的拥堵水平往往也有明显的特征:第一类城市的形态像山峰一样,中间高高地凸起,越往外围越低,有明显的梯队结构,上海、纽约、多伦多和东京等城市都是这种类型,这类城市因为布局相对紧凑,拥堵反而不是很严重。第二类城市的城市空间结构刚好相反,类似于一个盆地,天际线中间低,外围相对较高,典型的城市如北京、巴黎和孟买。这类城市出于保护历史建筑、保护环境等原因往往对中心城区的建筑高度施加严格的限制,拥堵往往比较严重。第三类城市的空间结构都比较平坦,但是分为两种,第一种因为边界的限制,城市建筑整体较高,城市紧凑,如香港、温哥华等;第二种城市蔓延比较严重,如武汉、里约热内卢、伊斯坦布尔、墨西哥城、洛杉矶等。前者往往并不拥堵,后者拥堵相对严重。

为了进一步分析城市紧凑化发展与交通拥堵之间的关系,我们搜集了全球 400 多个城市的拥堵指数、人口规模、摩天大楼等数据,由于摩天大楼普遍建于城市的中心区域,所以通过摩天大楼数据构建的指数,可以代表城市中心的建筑高度和城市紧凑化发展的程度。通过数据分析发现,随着人口规模增加,拥堵也随之增加,但是对于大城市而言,城市中心建筑高度越高,拥堵反而更轻(图 1)。

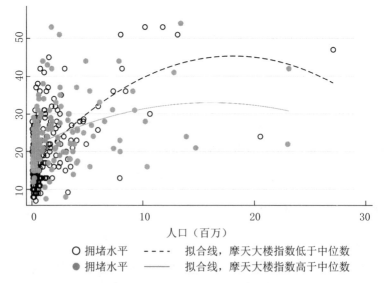

图 1 城市中心建筑高度越高,"人口—拥堵"的关系反而有所缓解

资料来源:作者绘制。

为什么紧凑型城市能缓解拥堵？

人们通常认为市中心居住太多人，会给市中心的交通增加太多压力，进而造成交通拥堵。在给出具体的分析之前，不妨先问一个通俗的问题。上海市中心的静安区人口密度很高，如果交通在静安区出现拥堵，那么，主要是住在静安区的人口导致的，还是住在静安区之外，来静安区工作和消费的人口导致的呢？如果是后者，那么，疏散住在静安区的人口，而他们仍在中心城区工作和消费，拥堵是加剧，还是缓解？

我们来看一个大城市的实例。印度的孟买曾经为了改善市中心的环境和交通拥堵，给市中心施加了严格的容积率限制，希望由此减少市中心人口。最终，更多的人住到郊区，天际线由中心往外围逐渐升高。但是人们依然要去市中心工作、购物、娱乐、就医，居住地点远离市中心反而增加了交通的距离，造成了更加严重的交通拥堵。根据 Brukerner 等人的估计，班加罗尔如果放松容积率限制，实现紧凑发展，市中心的半径可以由 12 公里缩减为 8 公里，大幅减少交通成本，平均而言，每个家庭大约节省 4％ 的家庭收入。

在以服务业为主的大城市，由于服务业需要更频繁的供求见面，因此，市中心的区位条件对于就业和消费都更便利。当人口向城市核心区集中时，高楼大厦式的建筑实质上使得人们可以用更加快速的以电梯为代表的垂直通勤取代一部分以汽车为代表的水平通勤。这既增加了通勤速度，又减少了对交通基础设施的压力。当城市更加紧凑时,人们上班通勤和日常出行的距离更近,多样化的通勤方式,如步行、自行车等,也会更多地被使用,从而城市道路资源可以被更加充分地利用;同时,因为城市更加紧凑,更多样、更密集的公共交通网络在经济上也变得可行,这给交通基础设施的改善提供了可能,可以增加城市交通的承载力与效率,并减少私人交通的使用,缓解交通拥堵。

如何实现紧凑化发展？ 城市更新是途径之一

从理论上分析,人们选择在哪里居住,是考虑通勤、居住等成本收益之后的结果,而城市的空间结构则是所有人进行居住、工作、消费、交通等互动之后的均衡状态。如果城市的更新成本降低,建筑高度管制不那么严格,政府和企业有更强的动力采用各种技术和制度建造更高的楼层,使更多的人居住在市中心,从而使城市变得更加紧凑。当然,紧凑型发展在提高城市的人口承载力并降低居民居住与通勤成本的同时,如果交通基础设施短期内没有得到相应改进,那么可能会加剧核心城区的拥堵。但是长期来看,由于交通基础设施和居民通勤方式的结构性改变,所以拥堵增加并不多。并且,人口规模越大,越有条件改善基础设施,因此规模较大的城市甚至可能出现拥堵减少。

同时,城市的居住与通勤成本降低,会使更多的人往城市迁移。如果没有城市更新,随着城市的蔓延,拥堵会增加;但是如果城市持续更新,城市会变得更加紧凑,从而起到缓解拥堵的作用。最终兼顾城市的增长和拥堵的改善。

　　另一个问题是,我们在理论上得到的推论可以得到经验支持吗?
实证上,由于城市空间结构变化缓慢,不容易在短期内被看到,所以我
们选取了一个历史上发生的自然实验进行观察。前人的研究和我们
的研究均发现,人类在二战的浩劫之后,经历过轰炸的城市,由于历史
建筑等受到破坏较大,新建的建筑往往更高。在相同人口规模之下,
遭受过轰炸的城市相比于未遭轰炸的城市,有更多的摩天大楼(图2)。
这也意味着遭受轰炸的城市在重建时,空间结构更加紧凑。

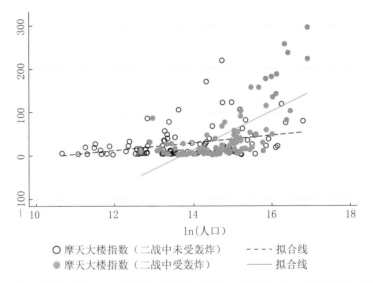

图 2　城市更新对城市空间结构的影响:基于二战轰炸与未轰炸城市的对比
　　　资料来源:作者绘制。

　　进一步分析后,我们发现,这些经历过轰炸的城市中,小城市更加
拥堵;但大城市的拥堵却显著地更低。因为更高的建筑和更加紧凑的
发展模式,更适合大城市,对大城市拥堵的改善也更加显著;对小城市
而言,人口密度增加和城市蔓延带来的拥堵效应超过了缓解拥堵的效
应(图3)。

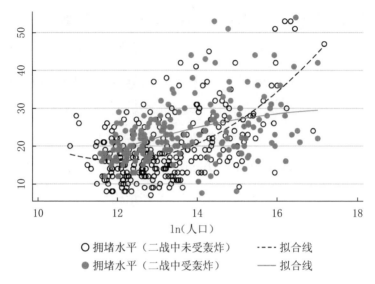

图3　城市更新对"人口—拥堵"关系的影响:基于二战轰炸与未轰炸城市的对比
　　资料来源:作者绘制。

　　这些结果并不意味着我们需要通过推倒历史建筑等大拆大建的方式来进行城市更新,只是我们通过历史上的一个冲击及后续的演化发现,对于大城市而言,通过城市更新,可以让城市变得更加紧凑,从而降低拥堵程度、减少通勤的时间,即使城市人口增加,也可以减缓拥堵增加的速度,甚至减少拥堵。

结　语

　　但是,当前对于城市的紧凑化发展,仍然有一些误解,并且存在许多对于城市紧凑化发展的限制措施,比如对市中心建筑不合理的容积率管制。尽管出于市中心历史建筑的保护、生态的维护等原因，对建筑的高度需要有一定的限制，但是仍然有大量的措施可以用来增加居住的空间。比如，根据市场需求适当放松不合时宜的容积率管制，增加地下空间的利用，将闲置的工业或商服用地转住宅，提高住宅用地的利用效率，等等。

从纽约、东京、香港等城市的实践中也可以看到，建筑高度和人口密度的增加，并不会对拥堵造成多么严重的影响。相反，因为合理的规划和紧凑的发展，交通网络更加发达，出行更加便捷，结果反而是减少拥堵和通勤。

近期的一些研究发现，随着金融、信息、贸易等生产性服务业的发展，以及消费中心城市的崛起，市中心会变得更加重要，城市将更加向心。如果将中心城区的人口往外疏散，由于工作、消费、教育、医疗等资源集中在市中心，人们的通勤被拉长，反而增加了交通拥堵；而如果将经济和消费等资源一同往外迁移，则可能损失规模经济优势。但是如果我们在城市更新和城市成长的过程中，能够实施紧凑化发展，则可以兼顾城市的增长和交通拥堵的改善，实现高质量发展。在实践中坚持疏散中心城区人口的观点很有可能需要同城市一起被更新，否则可能错失后工业化城市"向心"发展的时机。

下 篇

转型：

绿色、创新、升级

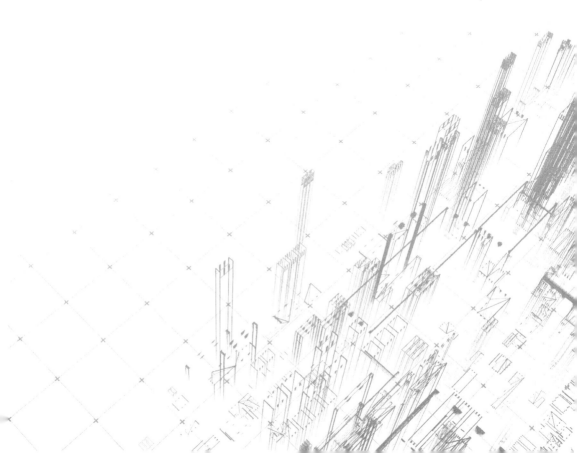

第四章

产业升级

长三角生物医药产业如何协同发展：
以张江为例[*]

吴　慧[**]

　　生物医药产业是上海的六大重点产业之一，也是长三角地区的主要产业之一。目前，生物医药产业在长三角地区已经拥有了较完整的产业链。由赛迪顾问医药健康产业研究中心与新浪医药联合发布的"2020 生物医药产业园区百强榜"显示，截至 2019 年底，在前 100 名园区中长三角有 31 家，其中上海 4 家、浙江 6 家、江苏 17 家、安徽 4 家。在前 50 名的生物医药产业园中长三角有 16 家，占 32%，其中占据前五名的有三家，分别是位于第一的上海张江高新技术产业开发区、第二的苏州工业园区和第四的连云港高新技术产业开发区。

　　在"健康中国 2030"规划的指导下，生物医药产业的创新驱动力不断提升，高质量发展将成为生物医药产业的主旋律。在中国生物医药转型的关键阶段，以及区域协同创新一体化的大环境下，长三角生物医药产业的协同创新发展是打造区域系统创新共同体，实现长三角创

　　* 本文改写自作者发表于《华东经济管理》2021 年第 1 期的论文《长三角区域产业协同创新一体化的社会网络研究》。
　　** 吴慧，上海立信会计金融学院金融科技学院讲师。

新力和竞争力的关键。

长三角生物医药产业协同创新存在的问题

虽然长三角生物医药产业在发展过程中区域基础扎实,产业集聚发展,创新资源要素优势明显,政府支持力度大,但是在区域一体化过程中也存在产业发展同质化严重、要素协同效应不足和跨行政区域协同创新机制有待加强等问题。

一是产业发展同质化严重。目前生物医药产业园主要以生物制药和医药器械为主,园区的同质化发展严重,其中园区主要以优惠政策支持来吸引企业入驻,导致园区之间形成"政策价格竞争",这种低水平的竞争方式使得园区产能过剩。与此同时,园区产能承载能力的不足使得园区孵化积极性受挫,创新驱动力不足。例如上海张江生物医药产业园孵化的优质企业多因税收及空间承载能力等因素落户到江浙地区,给园区的相应发展带来了不利影响。

二是要素协同效应不足。目前生物医药研发机构、企业及其他权威的产业参与者较多集中于上海、苏州、杭州等大型城市,大型科学仪器及重点实验室等科技基础资源的使用受到地理的限制而无法有效协同。与此同时,对于相关专家学者及其知识传播也缺乏有效的协同创新平台,使得创新渠道不足,要素协同缺乏有效的传导路径。

三是跨行政区域协同创新机制有待加强。虽然在区域协同创新上已有相关政策举措,如上海国资委在 2019 年成立了长三角协同优势产业基金,致力于推动长三角区域优势产业的发展;2021 年 5 月,长三角生物医药产业链联盟在苏州成立并吸引了 65 家单位入驻,长三角生物医药产业协同创新发展生态有所改进。但是,各行政区域在政策支持和高新企业认定等方面仍存在不一致性、兼容性差和机制体制缺乏等问题。

解决路径——以张江高新技术产业开发区为例

基于长三角生物医药产业协同创新过程中存在的问题,可以通过创建长三角区域产业协同创新网络,链接长三角生物医药产业生态圈,推动长三角生物医药产业在新发展格局下形成特色鲜明、全链提升、产学研＋孵化一体化高质量的生物医药产业园区。

长三角区域生物医药产业协同创新网络的构建具体可以分为"四个内容""三个主体""两架桥梁"和"三种模式"四方面的内容。"四个内容"指的是形成过程模型涵盖创新网络驱动、创新网络主体、创新网络资源和活动及创新网络模式;"三个主体"指的是生物医药产业、高校和科研机构;"两架桥梁"指的是创新网络资源和创新活动将三个主体连接在一起;"三种模式"指的是通过创新资源和创新活动的桥梁作用最终形成创新网络模式,包括技术协作模式、契约型合作模式和一体化模式。

笔者将以张江高新技术产业开发区(下称张江开发区)为例,对张江生物医药协同创新网络的初始和强化阶段进行解读。

1994 年,上海罗氏制药有限公司进驻园区;1996 年,国家上海生物医药科技产业基地正式成立;1998 年,国家人类基因组南方研究中心进驻,上海迪赛诺药业有限公司成立研究中心。此时,张江生物医药产业园区的发展重点是构建生物医药研发平台,这是以生物医药发展平台建立为主的研发初级阶段。

首先从创新驱动因素来看,内部的驱动因素不明显,创新主要由外部的中宏观环境驱动,特别是由政治环境驱动。张江生物医药产业的初建是由地方政府支持开展的,国家上海生物医药科技产业基地的建立是国家科技部、卫生部、中科院、食品药品监督管理局和上海市人民政府公共签署成立的。

其次从创新参与者方面看,主要有上海罗氏制药有限公司、上海迪赛诺药业有限公司及其研究中心、国家人类基因组南方研究中心,以上述两个研究中心、少数企业为主体的协同创新网络基本形成。尽管园区创新资源和创新活动还不是很明显,但是张江开发区引入 12 个生物医药项目,初步建立了生物医药发展平台,开始了初步的研发创新活动。

在之后的十年,张江开发区进入了以自主创新为主的研发强化阶段。1999—2008 年,张江生物医药协同创新网络已经基本形成。截至 2008 年末,张江生物医药领域的相关机构超过 400 家,其中生物医药创新企业 294 家,已形成新药产品 229 个,新药证书超过 50 个,聚集生物医药产业外包企业 40 家,业务基本上覆盖了生物医药产业链全过程的协同创新网络。

从创新驱动因素来看,此时政策因素还是起到了很大的作用。

1999年,上海市政府的张江战略政策将生物医药确定为张江的主导产业,为张江生物医药产业的发展提供了大量优惠政策,并且得到各部门的大力支持,推动了张江生物医药的迅速发展。内部驱动的作用也开始逐渐显现,后续企业自主创新能力的发展及国内外研发合作都是在内部驱动的基础上展开的。

从创新主体来看,随着国家新药筛选中心、中科院上海药物所的相继成立,在创新驱动因素的作用下,国外跨国企业开始瞄准中国的医药市场和上海的优势,纷纷在张江设立研发中心或机构,例如杜邦、霍尼韦尔、陶氏、罗门哈斯、诺华、辉瑞和科文斯等研发中心纷纷进驻。同时一大批国内明星企业也开始崭露头角,例如和记黄埔医药(上海)有限公司、上海华大天源生物科技有限公司、上海睿智化学研究有限公司、桑迪亚医药技术(上海)有限责任公司、上海美迪西生物医药股份有限公司等本土医药研发合作外包企业,创新主体越来越丰富。

从创新资源和创新活动来看,首先通过政策的推动和培育,不断完善生物医药创新创业环境和创新平台,依托18个研发服务平台开展研发活动,对技术、信息、知识的产生、扩散和交流起到了重要作用。其次在创新活动方面,建立了张江药谷公共服务平台体系,成立了公共服务平台共享网络,集中了临床医疗公共服务平台、营销平台、仓储物流平台和中试产业化公共服务平台,建立了一套覆盖生物医药产业链的研发平台,涉及创新知识管理、创新技术管理和创新信息管理。最后在创新资源方面,加强技术资源和非技术资源的平台建设,扩大业务范围。加强与创新主体网络外参与者的交流和合作,通过担保协议扶持金融机构,建立 CAR 平台发展中介机构,并将张江生物医药产业建设成为张江园区的人才高地,持续不断地吸引优秀人才加入,整合人才资源。

经过近三十年的发展,张江生物医药产业已发展为由"二校、一所、一院、十八个公共服务平台、四十多个中心"构成的企业、高校、科研院所研发创新产业群,吸引了罗氏、诺华、辉瑞、阿斯利康等 10 多家跨国医药研发中心,聚集了中科院上海药物所、国家新药筛选中心、国家新药安全评价中心等一批国家级科研机构,汇聚了上海中医药大学、复旦大学医学院等高校,培育了中信国健、微创医疗、睿星基因、艾力斯医药、复旦张江等一大批明星企业。罗氏制药、勃林格殷格翰、葛兰素史克等大型生产企业以及 300 余家研发型科技中小企业、40 余家 CRO 企业落户张江,形成了国内最为完善的生物医药创新网络。

从表 1 可以看出,在协同创新网络的形成中,宏观环境起到了主导作用,但是随着环境和基础设施的完善,创新的内部驱动逐步凸显并发挥越来越重要的作用,网络内的参与者在内外部环境的作用下,利用知识、技术和信息进行创新管理。管理过程中平台的发展开始择优联接、近邻联接、关系联接,并根据共性进行趋同性联接,最终形成了协同创新网络,创新网络的发展进一步推动了创新资源和创新活动的产生和发展,促进了创新网络的进一步完善。

综上所述,笔者构建如下长三角区域生物医药产业协同创新一体化的框架:创新网络活动和创新网络资源是创新网络主体之间构建网络的关系联接。创新活动包含了由创新知识管理、创新技术管理和创新信息管理三者构成的创新管理,由技术协议、资金协议和信用协议

表 1 张江生物医药协同创新网络的分阶段对比

过程	第一阶段	第二阶段
创新驱动	外部驱动中政府政策作用明显	外部驱动开始弱化、内部驱动显现并逐步占据主要位置
创新参与者	罗氏、迪赛诺、麒麟鲍鹏（中国）、迪赛诺研发中心、国家基因组南方研究,数量较少	从杜邦、霍尼韦尔开始,陶氏、罗门哈斯、诺华、辉瑞、科文斯、中科院上海药物所、国家新药筛选中心、国家新药安全评价中心、中信国健、微创医疗、睿星基因、艾力斯医药、复旦张江等企业和机构先后加入
创新活动和创新资源	成立国家上海生物医药科技产业基地,加强技术、知识及信息的产生和流动,平台建设还处于初始阶段	建立张江药谷公共服务平台体系,成立公共服务平台共享网络,集中了临床医疗公共服务平台、营销平台、仓储物流平台和中试产业化公务服务平台
创新网络形成	自主创新和研发优势开始显现,网络效应不明显	已经基本形成由"二校、一所、一院、十八个公共服务平台、四十多个中心"构成的企业、高校、科研院所的研发创新网络

资料来源:作者整理。

构成的协议管理,创新管理和协议管理相互协调,促进知识信息的流动及协议的产生。创新资源包含了由技术要素平台和非技术要素平台组成的结构平台构建,由人力资源、金融资源和知识资源组成的学习平台构建,结构平台和学习平台的构建促进了知识信息的交流和扩散。创新网络模式主要包括技术协作模式、契约型合作模式及一体化模式。最终,创新网络驱动推动了创新主体通过创新资源和创新活动形成创新能力,进而产生了生物医药协同创新网络,在此过程中,专利信息在创新资源和创新活动中起到了巨大的作用。

经济集聚对城市经济韧性的影响

赵春燕　王世平 *

　　近些年,"韧性"一词频繁出现在各学科研究领域,如城市韧性、经济韧性。在应对新冠肺炎疫情的过程中,中央和地方政府都认识到了城市韧性对于一个国家、一个城市应对重大公共安全事件的重要性。国家以及各大城市的"十四五"规划都提到了"城市韧性"。而经济韧性,在 2008 年全球金融危机之后逐步进入研究领域。目前对经济韧性定义使用较多的是由 Martin 和 Sunley 在 2015 年提出的。他们从四个维度对经济韧性下的定义:一是抵御力,即城市经济遭遇外部冲击时的脆弱性或敏感性;二是恢复力,即城市经济遭受冲击后恢复的速度和程度;三是再组织力,即城市经济遭遇外部冲击后重新整合内部资源和调整结构的能力;四是更新力,即城市经济改变原有结构,开启新的发展模式和路径的能力。

　　从经济韧性的定义看,简单地说,经济韧性强弱体现的前提是受到外部冲击,那么在 2021 年,距离 2008 年全球金融危机已过去十余年,我们要怎么来理解经济韧性在现阶段的涵义? 目前,中国提升经

---

　* 赵春燕,北京师范大学国际商务与管理研究中心副教授;王世平,北京师范大学国际商务与管理研究中心副教授。

济韧性又有哪些不同的侧重点呢?

本文作者利用 2004—2018 年中国 285 个地级及以上城市数据,研究了经济集聚对城市经济韧性的影响。集聚是影响城市经济增长的重要因素,集聚可以有效提高城市经济系统面对内外冲击的脆弱性,以及经济系统抵御冲击、吸收冲击的能力,提高城市经济的持续性、适应性和可变化性,进而提升城市经济韧性。

作者从城市规模和所处区位来讨论城市经济集聚水平的差异。即使面对相同的外部冲击,由于城市规模和所处区位不同,城市经济集聚能力不同,因此导致城市经济韧性也有所差异。

作者根据国务院 2014 年关于调整城市规模划分标准的通知,将样本按照城市的人口规模区分为大城市(人口规模在 100 万人以上)、中等城市(人口规模在 50 万—100 万人之间)和小城市(人口规模小于 50 万人)。模型测算结果发现,多样化集聚对大城市和中城市等经济韧性的影响显著为正,对小城市经济韧性的影响不显著。

大城市和中等城市由于城市集聚规模较大、集聚水平较高,因此城市中的企业、商品、服务以及高技能劳动力等集聚程度也较高,从而为企业生产提供大量的中间投入品、较高水平的服务和人力资本,加之城市规模越大,城市研发投入和创新水平越高,因而有效推动了城市多种产业的协调发展,提升了城市多样化生产程度。另外,从消费侧来说,消费者更愿意集聚在多样化程度更高的城市。生产企业集聚和消费者集聚之间的正向自我强化机制,加速了大中城市多样化集聚和城市经济发展,从而强化了城市经济韧性。

研究还发现,专业化集聚对大城市和中城市经济韧性的影响不显著,对小城市经济韧性的影响在 1% 的水平上显著为正。可能的原因在于:由于小城市的生产率、研发投入、人力资本以及产业发展优惠政策等均无法与大中城市相比,因此小城市通常利用本地资源禀赋,从事传统产业的专业化生产经营活动,以此来发挥自身比较优势。同一产业的生产企业在小城市集聚,产生的 MAR 外部性(由英国经济学家马歇尔和美国经济学家阿罗和罗默提出,强调专业化促进了创新和发明)使得该产业所有企业既可以共享特定的劳动力市场池,分享技术与管理等信息,加强产业内企业的上下游联系,还可以加强企业之间的竞争,从而进一步提高企业和城市生产率,提升城市经济韧性。

此外,从城市区位来看,东部城市和中部城市的经济集聚对城市经济韧性的影响显著为正,且经济集聚对东部城市的影响程度大于中部城市,西部城市经济集聚对城市经济韧性的影响不显著。

可能的原因是,首先,集聚在东部地区表现更突出,越来越多的高生产率企业、高技能劳动力在东部城市集聚;另外,消费者更加偏好多样化的消费需求,进一步刺激了东部城市的创新和多样化产业发展。当城市经济发展遭遇外部冲击时,多样化集聚可以迅速吸收、化解、转移外部冲击造成的负面影响,进而使城市经济发展得以快速恢复。就多样化集聚水平而言,东部城市多样化集聚水平最高,中部城市次之,西部城市最低。因此,多样化集聚对不同区位城市经济韧性的影响会存在差异。

其次,从多样化集聚产生的产业间溢出效应传递路径来看,溢出效应先在东部城市产生并起作用,之后传递、扩散到中部城市,最后才传递至西部城市。溢出效应的传递路径使得不同区位城市的多样化集聚水平和集聚产生的外部性存在一定差异,从而造成了城市经济韧性的差异。

由此得出的政策建议是:第一,中国城市应该进一步提高经济集聚水平,充分发挥经济集聚对提升城市经济韧性、增强城市应对外部冲击能力的积极作用。在促进专业化集聚和多样化集聚的过程中,应该更加重视多样化集聚。

第二,各城市应根据自身特性(如城市规模、资源禀赋等)合理制定和调整城市产业结构布局。具体而言,大城市和中等城市要鼓励、协调多种产业协同发展,强化产业多样化集聚程度;小城市则需结合自身的要素禀赋,充分发挥优势资源,注重产业专业化集聚发展。

第三,不同区位的城市应采取不同的产业发展政策。东部城市和中部城市(尤其是东部城市)在进一步提高产业多样化集聚水平的同时,也要兼顾多样化集聚与专业化集聚的协调发展,同时鼓励新兴产业向中西部城市转移,为中西部城市经济发展注入新的活力;西部城市在提高城市集聚水平的同时,应更加注重产业专业化发展,最大程度地发挥地域特色,重点培育区域优势特色产业,促进产业优化升级。

第四,完善各城市产业发展配套政策措施和交通运输等基础设施,加大对城市的研发投入,推进城市产业集聚,进一步促进城市经济韧性的提高和城市经济可持续、高质量发展。

"四化同步"是皖北地区高质量发展的基本路径

韦　伟[*]

2020年8月,习近平总书记在扎实推进长三角一体化发展座谈会上强调,一体化的一个重要目的是解决区域发展不平衡问题,要针对欠发达地区出台实施更精准的举措,要增强欠发达区域高质量发展动能,推动这些地区跟上长三角一体化高质量发展步伐。

同年9月24日国家发改委出台《促进皖北承接产业转移集聚区建设的若干政策措施》,文件赋予皖北地区"24条"专属政策,要求到2025年集聚区承载能力全面提升,建立较为完善的承接产业转移体制机制,规模以上工业增加值、常住人口城镇化率、城乡居民收入年均增幅高于全省平均水平,主导产业集聚效应初步形成,集聚区品牌影响力初步显现。

根据"七普"数据、2020年《安徽统计年鉴》及沪苏浙2020年统计年鉴测算,相对于沪苏浙,安徽显然是欠发达地区。2020年,长三角一市三省人均GDP是104 038元,而安徽省人均GDP只有63 382元,是全域人均的60.9%。皖北地区更是欠发达中的欠发达。根据"七普"

　　* 韦伟,长三角一体化专委会主任,中国区域经济学会副会长,安徽大学创新发展研究院专家委员会专家。

数据,皖北包括宿州、淮北、蚌埠、阜阳、淮南、亳州6个地级市,常住人口2 682万人,占安徽省全省常住人口的43.9%,而2020年皖北6市经济总量11 195.2亿元,只占全省的28.9%,人均GDP仅是长三角一市三省人均GDP的40%左右。

长三角更高质量一体化的重点在安徽,短板也在安徽,而人口多、底子薄、工业化城镇化起步晚、水平低的皖北地区,则是高质量一体化发展的"短中之短"。没有安徽尤其是皖北地区的高质量发展,就没有长三角一体化高质量发展。

"四化同步"是加快皖北地区高质量发展的路径遵循

纵观人类发展历史,发达国家或地区首要的共同特征就是工业化,世界上没有哪一个国家或地区不是通过工业化而成为发达国家或地区的。中国改革开放40多年的光辉历程,可以说就是一步一步工业化的历程。

工业化的持续健康发展需依靠市场的力量,没有市场的孕育和生长,工业化虽然能够萌芽,但不可能开花结果,还可能会中途夭折,苏联"工业化"的历史就给我们留下了深刻教训。市场孕育和生长离不开城市。一方面,城市是市场发育的主要空间载体,城市作为要素和产业的空间聚集区,为工业化搭建平台;另一方面,城市作为资本和人口的集聚区,其巨大的投资和消费需求,成为拉动工业化的重要引擎。随着工业化的不断推进,城市快速发展,继而就有了城市化、城市群、都市圈。由于中国特殊的国情和特殊的发展道路,导致出现了"城镇化滞后于工业化"的状况,这是我们当前大力发展以人为核心的新型城镇化的根源所在。

简单讲,现代化就是工业化+城市化。但工业化城镇化没有丰厚的农业物质基础是不可能实现的。一方面,农业为工业化城镇化源源不断地提供原料和劳动力。另一方面,农村和农民又是工业化城镇化的巨大市场和空间载体,丰厚的农业物质基础不可能建立在一家一户的小农经济之上,它依赖于现代农业。尤其中国是人口大国,粮食安全至关重要,饭碗只能牢牢地掌握在自己手上。因此,除了工业化城镇化之外,还必须实现农业现代化,没有农业现代化这个基础,工业化、城镇化都将不复存在。

信息时代的到来,信息的大量生产、迅速传递和广泛应用,是现代社会的重要特征。中国的发展道路决定了我们不可能像西方发达国家那样,走先工业化后信息化的路,也不能用信息化取代工业化,而必须同时推进信息化与工业化、城镇化和农业现代化的融合发展。

工业化、信息化、城镇化、农业现代化是人类文明进步的重要标志,是中国特色现代化建设的重要内容。党的十八大报告指出:"今后要坚持走中国特色新型工业化、信息化、城镇化、农业现代化道路,推动信息化和工业化深度融合、工业化和城镇化良性互动、城镇化和农业现代化相互协调,促进工业化、信息化、城镇化、农业现代化同步发展"。"四化同步"发展战略的提出,是既立足于中国的基本国情,又着眼于经济社会发展的未来作出的又一重大理论创新。

推进"四化同步"发展是加快皖北地区高质量发展的路径遵循。

当前,正是工业化、城镇化的加速期,农业大区向农业强区转变的关键期,新一轮技术革命和产业变革的"风口期",这些特点说明了目前皖北地区正处于推进"四化同步"发展的最佳"窗口期"。能否抓住难得历史机遇,跑出"四化同步"的加速度,事关皖北地区高质量发展的大局全局。

顶层设计、系统谋划皖北地区"四化同步"

"四化同步"的本质是"四化"互动。工业化、信息化、城镇化、农业现代化是一个大系统,用系统思维统筹推进"四化同步",就会产生"乘数效应"。"四化同步"的要义就是工业化带动城镇化、引领农业现代化,城镇化反哺工业化、牵动农业现代化,信息化为工业化、城镇化、农业现代化赋能。"四化"的互动,能够产生更多的投资空间、产业空间、市场空间,能够重塑区域格局、城乡格局、产业格局,从而带动区域发展能级的整体提升。

具体对皖北地区来说,"四化同步"是充分发挥皖北地区区位独特、空间广阔、人口众多、交通便捷等综合优势,更好利用长三角一体化发展战略机遇,有机融入"双循环",更多汇聚要素资源。"四化同步"是增强皖北地区高质量发展新动能、加快皖北振兴的最佳模式、最优路径。

"四化同步"关键在同步,难点也在同步。所谓"同步",就是工业化、信息化、城镇化、农业现代化的推进速度适当,实现协调发展,其中任何一"化"都不要太快、过于超前，或者太慢、过于滞后。

判定"四化"是否同步的标志应该是：第一，工业化能够有效推进城镇化，为农村剩余劳动力转移提供相应的就业机会，为农村提供必要的技术、设备和资金，切实带动农业现代化。第二，城镇化健康发展，适应工业化和经济发展的状况和要求，既不超前也不滞后于工业化和经济发展，农民的非农化与城镇化同步实现。第三，工业和城市适时反哺农业和农村，农业产业化、机械化、规模经营水平、劳动生产率和农民收入不断提高，工农、城乡差别逐步缩小。第四，运用信息技术和设备改造和武装工业、农业和城乡，使得信息化与工业化、城镇化、农业现代化相互融合，跟上全球信息化的步伐。

"四化"只有互相协调，才能互相促进、相辅相成、有效实现；否则，"四化"推进不同步、差距太大，就会互相掣肘、互拖后腿，难以成功实现。需要指出的是，我们说"四化同步"，并不是说"四化"要齐步发展，更不是"四化"要等量推进，同步并不排斥"四化"的发展有先后、速度和程度的差别。

强调同步就是要强调四者缺一不可，在战略上不能零打碎敲、单兵推进，需要系统思考、顶层设计、整体布局、综合施策；就是要把握"四化同步"的整体性、协调性、综合集成性和可持续性。

具体地说，要抓好皖北以"四化同步"推进"一极四区"建设的统筹谋划，坚持一体化设计、系统性布局，全面研判皖北的优劣长短、机遇挑战，精准测算皖北未来的发展空间和容量，科学设计路线图和施工图。要把新型工业化作为支撑"四化"互动的基础和前提，把"四化"互动落实在投资项目上，实现项目协同、项目统筹、项目互动，善于运用市场逻辑和资本力量,形成一批适合系统投资、区域投资、产业链投资的重大项目。

坚持"四化同步"的路径与举措

第一,以工业化为引领,建设高质量发展增长极。突出优势产业抓集聚,坚持特色导向。一手抓新兴产业培育壮大,一手抓传统产业改造升级,做大做强蚌埠硅基新材料和生物基新材料、阜阳现代医药、亳州现代中药、淮北陶铝新材料和铝基高端金属材料、淮南大数据、宿州云计算等产业。要把产业园区作为城市的特色功能区来统筹布局,进一步优化产业新城和城市新区,积极推进产业项目建设和生活设施配套,同时获得产业聚集效应和人口承载能力。要突出开发园区抓集聚,围绕加快发展数字经济,积极拓展与沪苏浙企业数字化合作,开展"亩均论英雄"综合评价管理,探索跨区域成本分担、利益共享机制,采取园中园、委托管理、投资合作等模式与沪苏浙共建合作园区。要突出资本市场抓集聚,引导皖北新兴产业与长三角多层次资本市场有效对接,让更多创新型企业登陆科创板、找到新资本。要以基础建设为先导、以交通网建设和市场改迁为重点,突出抓好一批重大特色优势明显的产业项目的落地建设,进一步形成新一轮大建设大发展的新局面。

第二,以城镇化为平台,建设承接产业转移集聚区、城乡区域协调发展试验区。新型工业化与城镇化的良性互动,实质就是产城互动,最终落脚点在于推进产城关系和谐。皖北推进产城关系和谐发展,形成产城一体化,关键是要把产业园区作为城市的特色功能区来统筹布局,同期规划产业新城和城市新区,同步推进产业项目建设和生活设施配套,同时形成产业聚集效应和人口承载能力。要始终坚持把工业园区作为推进"两化互动"、产城一体化的主平台。重点抓好高端项目引进落地、重大基础设施建设,加快打造宜业宜商宜居,符合皖北区域特色的现代化新型城镇市区。推动服务业提级增效,强化中心城区服务业发展的核心地位,推动县域服务业协同发展,力促现代物流、现代金融、科技服务等生产性服务业向专业化和价值链高端延伸,推动现代商贸、休闲旅游、健康养老等生活性服务业向高品质升级。大力培育数字创意、在线医疗在线教育等新兴服务业。发挥城镇对农村的带动作用,在中心城市周边形成卫星城、重点镇、特色镇等递次合理分布的城镇格局,缩小城乡差距,促进城乡融合发展。

第三,以信息化为支撑,建设"互联网+"数字经济新高地。信息的大量生产、迅速传递和广泛应用,是信息时代最具活力的创新要素和创业资源,是推动经济成长和社会进步的强大力量。实施"四化同步"发展,不仅要建设先进的信息基础设施,发展高端聚集的电子信息制造业,而且要把信息化融合、渗透到产业转型、经济增长、城乡发展、城市运行和社会进步的方方面面,推动数字经济提速增长。皖北要聚焦数字产业化,以"大数据+"产业链培育为抓手,依托各地电子商务产业园区,持续壮大软件服务、大数据应用、"区块链+"等数字产业,力争在较短时间内使数字经济规模和增速达到全省平均水平。在现有基础上加快跨境电商综合试验区发展,打造一批有影响力的跨境电商产业园。聚焦产业数字化,推动工业化和信息化深度融合,打造一批"互联网＋先进制造业"特色产业基地、数字化转型示范区。以宿州市阿尔法数字科技产业园为例。园区位于宿州高新区,面向数字和互联网科技企业,构建集产品研发、企业孵化、人才培训为一体的创新平台,完善"创业苗圃＋孵化器＋加速器"全程孵化链条,目前已经引入沪苏浙等地的企业 200 余家。该科技园 2020 年实现营业收入 36 亿元、税收 2.2 亿元,目前正谋划进一步扩容升级,在宿州乃至皖北地区重点培养更多创新能力更强、更具成长前景的创新型企业。

第四,以农业现代化为基础,建设生态优先绿色发展转型区、乡村全面振兴先行区。农业现代化是"四化"的难点和关键,是短板和重点。要以工业化促进农业发展,加快农业产业化步伐。促进农业规模化、标准化、品牌化生产。抓好优势特色农业示范区建设,突出发展生态有机高效农业、农产品精深加工业和休闲观光农业。以信息化提升农民素质,提高农民的受教育水平和职业能力,发展农业职业教育,用现代科学技术和经营理念武装农民,培养农业经营管理人才和技术人才,培育有文化、懂技术、善经营、会合作的新型职业农民。以城镇化带动农村建设,纵深推进统筹城乡综合配套改革,以农村产权制度、户籍制度和社会保障制度改革为动力,按照覆盖全域的城乡体系建设规划,依托农村土地综合整治,推广新型社区试点建设的做法和经验,综合治理城乡环境,落实农村社区公共服务和社会管理配置标准,改善农村基础设施和发展环境提高农业质量效益。

第五,坚持改革开放,全力营造皖北地区更加良好的发展生态。"四化同步"既是发展问题,也是改革问题。应坚持把改革创新贯穿于各个环节，以体制改革拆除妨碍"四化同步"的樊篱，以制度建设铺就"四化同步"的新路。要勇于探索，善于创新，加快改革步伐，率先转变政府管理方式，向法制型、创新型、服务型政府转变。进一步深化重点领域和关键环节的改革，构建有利于"四化同步"的体制机制，不断激发"四化同步"的动力与活力。要强化运用市场逻辑、资本力量的实战能力，瞄准国内头部企业、跨国公司、资本机构和智库机构大力推进"双招双引"，让各路企业家、投资家和专业人才广泛参与"四化同步"方案设计、产业谋划、项目招引和落地全过程。

长三角战新产业发展的"荣""容""融"

袁 丰 陈 雯[*]

2020 年 8 月,习近平总书记在扎实推进长三角一体化发展座谈会上对长三角提出"勇当我国科技和产业创新的开路先锋"的殷切期望。长三角三省一市抢滩布局战略性新兴产业(下称"战新产业"),基本建成以科技创新为引领的现代化产业体系,形成了新兴产业繁荣发展的产业氛围。但长三角战新产业培育过程中也存在诸如与地方发展实际、周边产业竞争、产业发展需要不相"容"的困境。因此,亟须进一步做好长三角一体化发展大文章,以区域产业链创新链融合带动战新产业繁荣发展。

长三角战略性新兴产业发展"荣"在哪里?

经济高质量发展引擎作用显著增强。长三角战新产业保持快速增长态势,即便在 2020 年全球经济受新冠肺炎疫情重创的大背景下,

———————
  * 袁丰,中国科学院南京地理与湖泊研究所副研究员;陈雯,中国科学院南京地理与湖泊研究所研究员,长三角一体化发展决策咨询专家,江苏苏科创新战略研究院理事长。

上海和浙江战新产业增加值依然分别增长 9％和 10％,江苏和安徽战新产业产值增长 11％和 18％,远超同期 GDP 和工业总产值的增速,成为推动经济复苏和增长的重要引擎。同时,战新产业对产业转型升级的推动作用日益增强,上海"十三五"期间战新产业产值占全市规上工业总产值比重从 26％提高到 40％,江苏和浙江这一占比在"十三五"时期末也分别达到 37.8％和 40.3％,有力支撑了长三角经济高质量发展。

产业集群竞争力明显提升。长三角在新一代信息技术、生物医药、新能源、新能源汽车、新材料、高端装备等领域形成了一批具备国际影响力的战新产业集群,国家发改委首批公布的 66 个国家级战新产业集群名单中,14 个集群位于长三角,远高于京津冀(7 个)和粤港澳(6 个)。与此同时,涌现了阿里巴巴、恒力、药明康德、振华等一批具有国际竞争力的行业头部企业和高成长性科技型企业,拥有超过全国三分之一的独角兽企业、四分之一的专精特新企业、将近一半的科创板上市企业以及 30％的高新技术企业,这些企业在全国战新产业发展中起到了引领作用。

核心—边缘分工格局日益明显。基于第三方工商企业注册数据分析,可以发现长三角战新产业在空间分布上具有典型的向心集聚特征。沪宁合—沪杭甬沿线"之"字形地区是产业分布的核心区域,特别是新一代信息技术、生物医药、航空航天、节能环保等技术密集型和人才密集型产业主要集中在科教资源丰富、科研能力雄厚、产业基础扎实的长三角中心区,支撑了上海、南京、杭州、合肥等省会城市和苏州、无锡、宁波等区域性中心城市向创新型城市转变。而高端装备、新能源汽车、新材料等产业链条较长或涉及产业门类多,在产业布局上呈现创新导向和成本导向并存的现象,在长三角中心区集聚形成了以研发、总装、关键零部件为主的产业集群的同时,在边缘区域形成了一些特色零部件生产供应基地。

长三角战略性新兴产业不"容"的症结在哪里?

部分城市产业培育脱离本地实际,引发"水土不服"。国家重点发展七大战新产业,是立足新一轮科技革命和产业变革大趋势提出的,这些方向也是就全国而言的。但产业政策向下传导过程中,地方政府由于难以预见未来可能成长起来的新兴产业方向,实践中就往往将上级政府确定的新兴产业方向移植过来。由于产业培育方向脱离本地的技术能力和产业基础,造成了地方招引企业难、产业配套难等问题,产业发展效果大打折扣。集成电路是国家需要重点突破的"卡脖子"环节,从产业链供应链安全角度来说,长三角也亟须突破集成电路瓶颈,但集成电路是技术密集型和资本密集型的产业,只有上海、合肥、南京等少数城市有这个发展条件。而实际中却出现了蜂拥而上的局面,江苏省 13 个设区市中的 7 个提出"十四五"期间要重点打造集成电路产业。

部分行业呈现低水平同质化竞争,引发"未盛先衰"。战新产业大部分处于培育阶段,主导技术不成熟、市场需求滞后,发展过程面临极大的不确定性和风险性。由于战新产业风险投资发展的滞后,在培育期依靠大量政府的补贴和引导资金。政府扶持降低了战新产业领域企业的创业成本和融资成本,在一定程度上推动了战新产业的发展。现有扶持政策主要集中在产业供给端,新兴产业供给能力有可能被人为放大了,但是市场还在培育中,大量新产品生产出来以后面临残酷的市场竞争。这方面有深刻教训的是前几年的光伏产业,在国外政府对光伏产业发起"双反"(反倾销、反补贴)和补贴下降以后,产业整体进入寒冬,这几年国内市场发展起来以后才略有好转。目前,新能源汽车领域也面临相似的处境,部分车企纸上造车,到处圈地,少有新能源汽车下线销售。

部分产业链关键环节缺乏长期布局,引发"卡脖子"问题。战新产业离不开基础研究和技术研发领域的突破,而从事基础研究和开发往往又面临着巨大的投入和研发风险。企业由于人才技术储备和投资风险等问题普遍不愿意涉足基础研究领域,中小城市由于科教能力和财力的制约不具备发展基础研究和应用基础研究的能力,这部分供给需要科教发达和产业基础雄厚的中心城市来承担。但是前些年大部分城市都把产业化招商作为发展战新产业的重点,忽视了对芯片等"卡脖子"技术和产业装备领域的研发投入和政策引导。因此,产业链供应链的稳定性和安全性仍需要进一步提升。

推动战略性新兴产业"融"的发力点在哪里?

推动由强政府向重市场转变。要发挥好市场配置资源的决定性作用,这就需要按照市场规律来优化资源配置和促进产业分工,不能简单用政府调控来替代市场机制。持续强化以企业为重点的区域创新系统建设,探索实行涵盖科技、人才、融资、财税、服务等各方面的一揽子政策扶持计划,鼓励领军企业结合自身发展需求,搭建产学研合作平台、产业创新联盟和大中小融通创新载体,提高企业研发机构建设水平,培育更多高水平"链主"企业、高效益创新成果、高质量智造品牌和引领性质量标准。推动有条件的政府加强对基础研究和应用基础的投入和引导。特别是上海、合肥等综合性国家科学中心和南京、杭州、宁波等产业创新需要发挥科教资源优势,整合政府政策资源,突出战略科技力量培育,进一步提升省产业技术研究院、国家及省级实验室、产业技术创新中心、工程技术创新平台以及大学和科研机构的建设水平。

推动由漫灌式引导向精准扶持转变。鼓励各城市利用自身资源禀赋和比较优势,从行业类别、投资强度、节能环保等方面制定更具精细化的产业政策。沪宁合—沪杭甬沿线城市可以依托科教和产业资源优势,更好地发挥自主创新示范区创新引领作用,瞄准未来科技和产业发展制高点,明确新一代信息技术、新材料、先进制造、生物医药、新能源及优势传统产业关键核心技术突破方向,布局一批重大创新基础设施,开展基础研究和应用基础研究,努力实现更多"从 0 到 1"的重大原创突破,从源头上抢占科技创新前沿。长三角外围区域应更多结合现有产业基础,鼓励优势产业转型升级和向高新技术领域拓展,探索产业绿色化、生态经济化等符合自身发展优势的创新发展路径。

推动由供给牵引向双向发力转变。聚焦战新产业发展全生命周期,推动产业扶持政策从重供给端向供给端、需求端双向发力转变,对处于不同发展阶段的战新产业采取差异化政策,扶持政策要加强产业基金的跟投和领投。在供给端,重点加强现有产业政策、创新政策、人才政策的整合,提升在产业发展不同阶段的政策组合力度和针对性,鼓励推广和扩大创新券的应用。在需求端,重点是为新产品和服务的商业化提供发展土壤,结合首台套等政策,鼓励政府在城市公共交通、医疗卫生保障、科教文体场馆、环境治理、休闲绿地等公共设施建设和服务中,积极运用本地企业的产品、技术等,提供企业产品展示与消费的空间。

推动由引企业向造环境转变。对标国际领先的创新型国家、区域和社区,转变之前过度重视专利、发明申请和企业招引的发展路径,加强创新平台打造和地方企业家精神培育。进一步完善开放创新、科技创业与科技金融体系,更加注重人才作为"第一资源"对产业创新的支撑引领作用,健全全方位培养、引进、留住和用好各类人才的体制机制,全面激发人才的创新潜力、企业的创新动力、制度的创新活力,培育形成鼓励创新、宽容失败的发展环境,探索对创新失败的企业进行补贴的激励手段。

推动从零和博弈向正和思维转变。进一步发挥好上海的龙头带动作用,要更好地发挥上海国际经济、金融、贸易、航运中心和科创中心的功能,依靠上海的资源配置能力,促进产业要素的合理流动和不同城市各扬所长,实现区域合理分工和特色化发展。各城市按照自身条件加大对基础研究、技术开发和成果转化的扶持力度,鼓励长三角共同开展重大项目的创新合作,鼓励创新成果长三角区域的异地转化。比如,长三角三省一市在新材料、新一代信息技术、人工智能、高端装备等领域,均有较好的基础,通过打造区域创新命运共同体,完全有希望培育一批引领全球产业发展的优势产业和领军型企业。探索城市间创新合作和成果转移转化的有效途径,推广"总部＋基地""总部＋分支机构"等区域合作模式,鼓励中小城市在上海、合肥、南京、杭州等城市建立反向飞地,提升区域创新资源的共享水平。

创新驱动、结构转型的合肥路径

韦　伟*

　　合肥,是安徽省省会,长三角城市群副中心城市,继上海之后国家第二个综合性科学中心城市。2015 年,合肥被英国 BBC 和《经济学人》杂志评为全球经济增长最快的城市之一;2018 年 11 月,英国《自然》杂志增刊"2018 自然指数—科研城市"发布全球科研城市 50 强名单,合肥位居全球城市 27 位,国内城市第 7 位;2020 年 9 月,世界知识产权组织发布《2020 年全球创新指数报告》(GII2020),合肥居全球经济体"创新集群"百强榜第 79 位。

合肥发展的历史轨迹

　　新中国成立之初,合肥是一个不足 5 万人口的小县城,没有工业。1978 年,合肥经济总量第一次突破 10 亿元。20 年来,合肥在战略性新兴产业领域加速发展,"无中生有"实现"弯道超车","小题大做"实

　　*　韦伟,中国区域经济学会副会长、长三角专委会主任。

现"跨越发展",走出了一条"引进大企业、大项目—完善产业链—培育产业集群—打造产业基地"的"合肥路径"。

20 世纪 50 年代,上海陆续下迁了一批轻工企业,地方陆续兴建了一批国有企业,构成了合肥最初的工业基础。改革开放前,安徽属于东部沿海区域,当时国家从战备的考虑把工业布局的重点放在了中西部地区,安徽由于处于东海前线的第二阶梯,故未能享受到国家工业布局的政策。改革开放后,安徽又不属于沿海省份,在国家的战略布局中归属为内陆地区,因而又没享受到沿海地区改革开放的政策。新中国成立后的两次重大历史机遇合肥都失之交臂。

穷则思变,合肥的创新驱动、结构转型之路是逼出来的,合肥路径在一定意义上讲是突围之路。

合肥的产业没基础,资金短缺,基础设施落后,交通闭塞,在新旧世纪交替时还基本上是以农业和传统轻工业为主的经济结构。另外,合肥东有南京,西有武汉长沙,南有杭州,北有郑州,无论在长三角还是中部省会城市,合肥都是"小个子",这些省会城市的经济总量和发展实力都比合肥强。当时国家扶贫办的一位领导在合肥调研时曾说过,从一个省会城市驱车不到半个小时就来到国家级贫困县长丰,这在全国都绝无仅有,反映出当时合肥的窘境。

但合肥也有自身优势。从 20 世纪中期到 2000 年前后,中科大、中科院合肥物质科学研究院以及中电科 38 所等一大批高校、科研院所搬迁至合肥,合肥一时集聚了大量的科教资源,20 世纪 80 年代就被国家确定为全国四大科教基地之一。

在综合分析合肥的比较优势后,合肥市委市政府认识到科教资源是最大的优势,合肥的发展就是要把科教优势转化为经济优势,把潜在优势转化为现实优势。历届市委、市政府坚持不懈地把承接产业转移和创新驱动发展摆上核心战略位置,通过承接产业转移做大经济体量,形成较为完整的产业体系;通过自主创新做实经济质量,实现追赶引领跨越,承接和创新成为经济增长的双轮驱动。

从 1949 年到 1978 年,合肥用了 29 年时间使经济总量第一次达到 10 亿元;从 1978 年到 1994 年,用了 16 年时间达到百亿元;从 1995 年到 2006 年,用了 12 年时间达到千亿元;从 2007 年到 2020 年,用了 13 年时间达到万亿元。2021 年,合肥实现生产总值 11 412.8 亿元,同比增长 9.2%,总量居全国城市第 19 位。

为合肥突围之路奠定基调的,是 2005 年合肥市委市政府经过多番调研论证后提出的"工业立市"战略。过去,合肥偏重将拥有中科大等科教资源当作比较优势,但是缺少工业基础和产业支撑的科教资源,并不会自动转化为地区优势。

合肥深刻意识到,发达国家或地区首要的共同特征就是工业化,世界上没有哪一个国家或地区不是通过工业化而成为发达国家或地区的,工业化是不可逾越的发展阶段。工业化的持续健康发展需依靠市场的力量,没有市场的孕育和生长,工业化虽然能够萌芽,但不可能开花结果。市场孕育和生长离不开城市,城市是市场发育的主要空间载体,城市作为要素和产业的空间聚集区,为工业化搭建平台;另一方面,城市作为资本和人口的集聚区,其巨大的投资和消费需求,成为拉动工业化的重要引擎。"工业化+城市化"就是合肥发展的方向。

思路决定出路。为此,合肥市做了这么几件事。

一是拉开城市框架、解决发展容量问题。

令人想不到的是，合肥大建设大发展是从拆除违章建筑开始的。一份调查显示，2005 年春，合肥市违法建设总面积竟达 1 800 万平方米以上。违法建设像毒瘤，严重侵蚀了合肥的健康肌体。合肥市委市政府果断决定迅速拆除违章、违法建筑。当年 7 月，拆违风暴席卷全城。截至是年 9 月，合肥市累计拆除违法建设超过 1 300 万平方米，以 93% 的市民支持率创下国内所有拆违城市中市民支持率的纪录，奇迹般实现了零补偿、零事故、零上访，大拆违成为新一轮城市建设的前奏。我们知道拆违本身并不是目的，目的是为城市的大发展创造良好的环境。大拆违的成功，检验了党委政府的行政效率，冲击了人们固有的思想观念，真正做到了依法治权和依法治官，检阅了基层干群的素质和能力，震慑了贪官、庸官和懒官。继大拆违后，合肥开始了政府效能革命，大规模清减烦琐的行政审批程序，确立更可预测的规则。包括建设基础设施，规划 190 平方公里滨湖新区。2011 年区划调整后，800 平方公里巢湖成为合肥内湖，加上划归的两区县，合肥面积增至 11 408 平方公里。

二是承接产业转移，做大经济体量。

合肥基础薄弱，仅依靠自生力量难以培养出具有竞争力的产业基础。合肥抓住当时沿海产业的大举向内地转移时机，充分利用承东启西的区位优势，聚焦供应链上的咽喉点，引进重大项目，帮助合肥完成工业积累。

占合肥三分之一比重的家电产业，正是循此逻辑发展。20 世纪 80 年代中后期至 90 年代中期，美菱、荣事达、黄山、万燕、天鹅等多个知名家电品牌纷纷崛起。90 年代中后期,随着国企改革深入推进,民营经济蓬勃兴起,在激烈的市场竞争之下,这些产业和企业体制机制创新不够,效益低下,逐渐走下坡路,如生产黄山电视机的合肥无线电二厂无偿转让给海尔。2000 年前后,全国性的土地、运输、人工等各项成本不断上涨,尤其像家电这样需要大宗运输的产品,各主要家电企业纷纷寻求外出办厂,合肥居中的地理区位和相对良好的配套条件自然是各家电企业的首选之地。一大批国内外知名家电品牌相继落户合肥,惠而浦、海尔、美的、格力、TCL、长虹、三洋等知名家电企业纷纷在合肥投资建厂或追加投资建设工业园。抓住承接沿海发达地区产业转移的机遇,2011 年,合肥的家电产业产值一举突破千亿元,成为该市第一个千亿产业。2018 年,合肥家电"四大件"(电冰箱、洗衣机、空调和彩电)产量达到 7 000 万台套,市场份额连续八年居全国之首。产业集聚带来的好处明显,如培养了大量的产业工人、技术和管理能力,以及能够快速匹配劳动者和企业的规模市场等。

三是聚焦战略性新兴产业,做强经济质量。

合肥清醒地认识到,家电类传统产业发展路径不足以支撑合肥长远发展,必须解放思想,转换赛道,充分发挥合肥国家首个创新型试点市机遇,实施创新驱动发展战略。

首先,引进京东方。在发展家电过程中,合肥发现了痛点。冰箱、洗衣机和空调等家电比较好做,本地产业配套能达到 60%—70%;而电视机上下游配套只能做到 30%,其主要障碍在显示屏生产。中国企业还没有掌握这种核心技术,全国九成以上的液晶屏都要从海外进口。当时,国内最有潜力的液晶屏制造商是京东方,正在计划建设第六代生产线,但至少需要 175 亿元的巨额投资。京东方因为第四、第五代线的研发出现企业亏损,自身拿不出太多的资金,想找地方政府合作,这样的机会正好契合了合肥的产业诉求。在全国几个意向城市中,合肥表现出最大的决心和诚意,也给出了真金白银的支持。

京东方的龙头效应直接带动了相关产业集聚。合肥趁势而上,出台专门的产业发展政策,全面完善配套服务,吸引上下游企业纷纷入驻。彩虹、康宁、三利谱、住友化学、法国液空等一批具有国际影响力的新型显示产业龙头企业纷纷入驻。

其次,合资建设长鑫/兆易。合肥成为国内最大家电产业基地时,中国家电行业正在向智能家电和数码电子方向发展。面板问题逐步缓解,"有屏无芯"的矛盾随之突出。顺应这一趋势,合肥在引进京东方后,就开始着手布局芯片产业。半导体产业更加依赖进口,一直被美韩企业"卡脖子"。2013 年,合肥市开始发力集成电路,在五年时间里培育、引进集成电路企业 100 多家,晶合的面板芯片、长鑫的存储芯片等,都填补了国内相关领域的空白。

2017 年,合肥果断出手,与兆易创新成立合资公司——"合肥长鑫",专攻 DRAM 内存芯片的研发生产。合肥政府给钱给地,合肥长鑫迅速建立起价值百亿元的生产线,并出资购买了关键专利。合肥长鑫推出国产第一代 10 nm 级 8Gb DDR4 存储芯片,仅用三年时间成为行业巨头。

由于看好合肥蕴藏的巨大市场发展潜力,又有一大批集成电路产业链上的国内外领军企业及其相关配套企业纷纷入驻合肥,包括集成电路封测企业通富微电子、智能芯片先行者寒武纪、台湾晶圆代工企业力晶科技、世界级 IDM 和模拟电路半导体公司安世半导体等。

再次,吸引蔚来入驻。合肥很早就有造车的历史,但始终不上不下,不温不火。合肥敏锐地感觉燃油车技术已经成型,很难突破,而新能源车几乎都在同一个起点上,且新能源车是未来的发展方向,合肥必须转换思路,投资新能源车。蔚来汽车当时不被外界看好,投资缺口巨大,发展不确定性大,蔚来在入驻合肥之前与国内多个城市洽谈,都不了了之。但合肥有合肥的想法,其一,投资蔚来可以深化与本地汽车企业的合作;其二,相较其他造车新势力,蔚来的研发投入和正向研发能力,还是具备较大优势的。因此,合肥毅然决然地与蔚来达成合作。

四是布局未来产业,抢占发展制高点。

近年来,合肥依托科大讯飞和"中国声谷"人工智能产业基地,引进中科寒武纪、云知声、商汤科技等项目,在人工智能开源平台、图像识别等核心产业领域布局发力。在合肥高新区的"量子大道"上,全球首颗量子科学实验卫星"墨子号"、首条量子保密通信网络"京沪干线",以及首台光量子计算机先后诞生。合肥利用这一优势,打造"量子计算+大数据+各领域应用"双创平台,推动量子技术从实验室走向产业化,建成全球"量子中心"。

"十四五"期间,合肥致力于构建城市八大产业链条,即"芯屏器合"("芯"指芯片产业,"屏"指平板显示产业,"器"指装备制造及工业机器人产业,"合"指人工智能和制造业融合)、"集终生智"("集"指集成电路,"终"指智能家居,汽车等消费终端产品,"生"指生物医药,"智"指与工信部共建的"中国声谷"以及以科大讯飞、华米科技等为代表的智能语音及人工智能产业)。以此,形成合肥城市的"产业地标"。

关于对合肥评价的评价

合肥的快速发展引起全社会的高度关注和评价,比较有代表性的观点有:合肥是中国最大的"赌城";合肥政府从上到下全面投行化,敢于大胆出手跟投、领投,等等。

这些说法虽然没有恶意,但有失公允。

第一,"赌城"说法是不合适的。现实中不存在永远有好运气的"赌神",赌的结果都有成或不成。只要是投资,就不存在弹无虚发的"神话"。政府设立产业投资基金都是为了产业升级和经济转型,所以资金规模一般都要比股权投资大出许多,一旦出现问题,势必给国家和地方带来重大损害。面对巨额资产损失,仅靠做事人的觉悟、情怀和担当是不够的。没有任何一个人敢拿一个城市去赌运气,而且这与中国政府现有的决策程序也不一致。

第二,一个产业在某地发展必定有它的前因后果,高楼不能凭空而起,历史积累是后续发展的基础。合肥为什么选"屏",而不是其他?因为当时合肥的家电产业已有相当的规模,已经培养造就了一大批技术熟练的产业工人和技术人员,加上每年安徽省有数十万高校毕业生,合肥周边有蕴藏量极为丰富、品质极为优越的"屏"的原材料石英石矿,等等。如果没有这些,就是赌运再好,风投做得再完美,即使接手了"屏",也不会做大做强,也可能中途夭折,这样的例子在国内外数不胜数。

第三,从合肥投资成功的产业看,基本都是战略性新兴产业。这类产业一般都需要多年的发展基础和工作积淀,尤其是直接做顶端产业,开始冲一下可以,接下来一定会有一个补短板的过程。能否及时补链、强链,往往决定着一个产业的成败,产业成长绝不是一锤子买卖,需要做大量事前、事中、事后的工作。合肥政府一开始就意识到,为使脚下路走得更稳、更远,必须对现有工作进行系统再造。

第四,合肥这种资本招商策略是全产业链招商模式下精心布局的产业配套投资,而非风险投资。其内在逻辑是:在打造完整产业链、营造产业生态圈的战略目标之下,即使个别落地项目暂时出现经营困难,也在为当地创造税收、就业和 GDP,在借助各类基金的组合投资后,具体项目的投资风险可以有效分散。

第五,合肥也有过失败的教训,并不是"凡赌必赢"。如 2009 年,合肥新站高新区斥资 20 亿元引进日立等离子面板项目,是当年中国内地第二条等离子面板生产线,但后来偃旗息鼓,项目企业"鑫昊"变成了一家房地产开发公司。还有熔盛造船、赛维光伏、北大未名生物等,合肥四大开发区每家都有失败的案例,留下了一些非常难解决的问题。好在合肥市政府及时发现、及时出手,将损失降低到最小。

第六,合肥自始至终都坚持发展实体经济不动摇,借助资本市场,但并不沉迷资本市场。合肥的做法是坚持发展战略性新兴产业和改造提升传统优势产业双轮驱动,致力结构转型。发展战略性新兴产业与改造提升传统优势产业并不矛盾,按照市场指向转向战略性新兴产业是转型;改变企业资源的使用效率、提高效率也是转型;一切从粗放型向集约型发展的改变都是转型。对于多数企业来说，可能产业产品不变，而内核常新，即在现有产业中注入"新鲜血液"式的转型，这将是更可观的转型。

第七，合肥的产业发展，有它的历史联系，并非基因突变。合肥路径不是一蹴而就的，而是围绕产业需求不断攻坚，打造上下游协同、人才汇聚的创新生态圈。在这样的产业生态圈里，既有顶尖技术和产业拔节壮大，更有众多的细分行业"单打冠军"。

合肥的快速发展，不是某一领域、某个产业的局部崛起，而是从表面到内核，从硬件到思想的全方位发展。合肥始终以科技创新提升发展高度，以产业创新夯实发展厚度，以扩大开放拓展发展宽度，以改善民生彰显发展温度。因此，将合肥路径简单化、公式化是不合适的。

形成合肥路径的基础条件应是：领导者决策魄力，有足够远见并能担当；引进项目有产业基础，有能落地的配套条件；团队人员有高度的专业精神、职业水准；投资有环境支撑，有放心适宜的土壤氛围。

第五章

绿色发展

探索脱贫成果与"双碳"互动的新途径

曾　刚　曹贤忠　杨　阳　陈　波[*]

2021年1月,科技部印发《国家高新区绿色发展专项行动实施方案》,明确指出国家高新区作为高质量发展先行区,理应在绿色发展方面走在前列,作出表率。为了探索革命老区脱贫攻坚成果巩固与"双碳"绿色发展互动的新方式,探索龙岩与上海绿色互动发展新途径,制定龙岩国家级高新区"十四五"绿色行动方案,笔者实地走访了龙岩高新区10家企业、3个政府管理部门、8位居民代表,调研发现龙岩高新区绿色发展机遇与挑战、条件与困难并存,科学谋划未来发展势在必行。

龙岩高新区绿色发展的有利条件

龙岩高新技术产业开发区于2015年经国务院批准升级为国家级高新区,园区规划面积132.9平方公里。2020年,园区实现全口径生

———————————
　* 曾刚,华东师范大学城市发展研究院院长、终身教授;曹贤忠,上海市高校智库上海城市发展协同创新中心副主任;杨阳、陈波,华东师范大学城市与区域科学学院研究生。

产总值 244 亿元,占龙岩全市 GDP 的 8.5%。龙岩高新区现已形成以机械装备为主导产业,新材料、新一代信息技术、生物医药等新兴产业加速发展,现代服务业规模迅速扩张的产业体系。

首先,碳汇资源丰富。森林是重要的碳汇资源,龙岩是国家园林城市和国家森林城市,其森林覆盖率高达 79.3%,大气、水质以及生态质量位居福建省各地市前列,碳汇潜力巨大,为吸引人才提供了清洁的生态环境。福建强纶新材料股份有限公司董事长黄朝强告诉笔者,龙岩优良的生态环境吸引了他及其同仁返乡创业,实现个人生活与事业发展的"双丰收"。

其次,环保产业基础扎实。龙岩高新区不仅拥有福建龙净环保股份有限公司、福龙马环卫装备等环保龙头企业,而且拥有龙工机械、九龙水泵等重视绿色发展的工业企业。笔者在调研中了解到,龙工机械、新龙马汽车等企业优化了生产流程,改善了产品工艺,提高了能源利用效率,通过了福建省绿色工厂的认证,成效显著。从总体上看,环保绿色产品占企业销售收入的比重不断提高,如福龙马环卫企业、龙净环保的主营业务逐渐变成今日的纯电动绿色环卫车和废气治理装备。

再次,继承了光荣革命传统。龙岩是全国著名革命老区、原中央苏区核心区、红军故乡、红军长征重要出发地。在实地调研过程中,笔者深深体会到龙岩人继承和发扬古田会议精神,不忘初心,牢记使命,时刻以国家利益、民族利益为重的优良传统和作风。可以预料,随着《国务院关于新时代支持革命老区振兴发展的意见》文件精神的落实,龙岩高新区相较于其他高新区具有更多的政策叠加优势,在双碳绿色发展等诸多方面,一定能得到上级和兄弟城市更多的支持与帮助,一定能取得更加辉煌的成绩。

龙岩高新区绿色发展的制约因素

龙岩高新区绿色转型发展也面临诸多制约因素,主要体现在以下三个方面:第一,对外开放程度不高。调研发现,龙岩高新区内绝大多数企业老板、骨干、员工为龙岩当地人,通过招商引资来龙岩创业或将企业搬迁至龙岩的外地商人较少,外地员工很少,企业对外合作、交流相对较少,在一定程度上限制了龙岩企业对外资本、信息、技术、人才的吸收利用能力和市场开拓能力,从而使龙岩企业在第四次产业革命浪潮中处于不利地位。

第二,科创资源匮乏。调研发现,龙岩高新区自身创新能力不足,缺少一流大学以及国家级研究机构。一是科教机构数量少,龙岩市仅拥有 1 家高等学校(龙岩学院)和 6 家科研机构,数量位居福建省各地级市之末。二是 R&D 经费投入少。2019 年,龙岩市科研机构和高校 R&D 经费为 8 949 万元,仅占全市 R&D 经费总额的 1.7%,明显低于全省平均水平,科创能力明显不足。

第三,环境监测体系不够完善。调研发现,龙岩高新区缺乏完整的环境监测体系,只有少数企业设立了环保部门或拥有环境监测手段。实现"双碳"目标下的高新区绿色发展,首先必须精准掌握高新区企业生产经营活动的碳排放情况,然后才能发现问题并寻求解决路径,环境监测体系必不可少。

龙岩高新区绿色"双碳"发展途径

基于"双碳"绿色发展目标,龙岩高新区绿色行动计划应该包括以下三个方面的内容:第一,构建跨界政产学研用一体化对外合作网络。应该抓住落实 2021 年 2 月发布的《国务院关于新时代支持革命老区振兴发展的意见》带来的契机,充分发挥长三角区域一体化国家战略对新时期全国高质量发展的引领带动作用,构建龙岩与长三角地区核心城市,特别是科教资源丰富的上海之间的合作关系,推动上海重点高校、国家级研究院所与龙岩高等学校、科研院所的对口支援与合作,启动中央政府支持参与的沪龙两市专项创新合作基金项目,建设共性技术平台和产业创新联盟。鼓励龙岩在上海设立"创新飞地",畅通上海科技成果、高端人才与龙岩产业技术升级、绿色发展需求对接渠道,实现上海科创资源与龙岩绿色资源的交流融合,进一步拓展长三角一体化、高质量发展的战略空间。

第二,建立并完善龙岩绿色发展监测体系。根据 2021 年 1 月科技部印发的《国家高新区绿色发展专项行动实施方案》文件要求,全方位、全地域、全过程开展龙岩生态文明建设,通过政府购买服务方式,委托独立权威第三方,建设天(天空)地(地面)一体,包含水体、土壤、大气、生产、生活、生态多领域、多要素的龙岩高新区绿色发展监测系统,发布可测、可查、可信的重点污染物排放量清单,分步骤、有选择地公布龙岩绿色发展进展报告,为统筹龙岩山水林田湖草产城系统治理、制定龙岩绿色发展行动方案提供可靠依据,为动员全社会广泛参与龙岩生态文明建设提供信息支撑。

第三,建立绿色发展的奖惩机制。建立中央、省市、企业、社会多方共同参与的龙岩绿色发展基金,加大政府支持绿色发展力度,鼓励龙岩高新区企业开发绿色产品、建设绿色工厂、打造绿色厂区、完善绿色供应链。同时,根据龙岩资源环境承载力、碳排放总量限制以及相关政策法规,逐步建立碳排放交易市场、碳排放权收费制度,完善企业违规排污处罚制度。建立龙岩绿色发展政绩考评体系,探索干部自然资产离任审计制,完善生态环境事件责任人追溯制度,为龙岩高新区绿色发展提供可靠的体制机制保障。

通过龙岩的调研考察,笔者建议革命老区和老少边穷地区,应充分利用并发挥其红色基因和生态资源禀赋优势巩固脱贫成果,寻求可持续发展。不盲从,积极挖掘自身资源禀赋;有效精准对接国家发展战略;注重科技创新;为人才创造宜居、宜业的环境;积极开展与发达地区的协作交流。

崇明生态岛生态产品价值实现机制与路径 *

曹贤忠　曾　刚　朱贻文　石庆玲**

2021年4月26日,中共中央办公厅、国务院办公厅印发《关于建立健全生态产品价值实现机制的意见》,明确提出要建立健全生态产品价值实现机制。2018年,习近平总书记在深入推动长江经济带发展座谈会上提出,"要积极探索推广绿水青山转化为金山银山的路径,选择具备条件的地区开展生态产品价值实现机制试点"。2019年,习近平总书记在中央财经委员会第五次会议上提出,"在长江流域开展生态产品价值实现机制试点"。

崇明生态岛位于长江入海口,是世界上最大的河口冲积岛和中国第三大岛,是上海重要的生态屏障,对长三角乃至长江经济带的生态环境和生态安全具有重要的意义。在崇明世界级生态岛的建设过程中,生态产品价值实现是破解发展与保护难题的重要途径。

＊ 本文系上海市科委科技攻关项目"崇明世界级生态岛生物多样性优化构建与生态产业发展实践路径"(19DZ1203801)的阶段性成果。

＊＊ 曹贤忠,上海城市发展协同创新中心副主任、华东师范大学城市发展研究院副教授;曾刚,华东师范大学城市发展研究院院长、终身教授;朱贻文、石庆玲,华东师范大学城市发展研究院副教授。

崇明生态岛生态产品价值实现机制建议

　　根据中共中央办公厅、国务院办公厅《关于建立健全生态产品价值实现机制的意见》精神,结合崇明生态岛生态产品实际,我们认为崇明生态岛生态产品价值的实现机制应包括评价机制、开发机制、保障机制三个方面。

　　首先,建立崇明生态价值评价机制。

　　一是要建立崇明生态产品价值评价体系。崇明生态产品丰富,崇明的清洁空气、干净水源、安全土壤等在国际、国内都颇有影响。因此,要针对崇明生态产品价值实现的不同路径,探索构建崇明生态产品总值和生态产品价值评价体系。考虑不同类型生态系统功能属性,体现生态产品数量和质量,建立覆盖崇明区、镇、乡各级行政区域的生态产品总值统计制度。同时,探索将生态产品价值核算基础数据纳入崇明国民经济核算体系。在此基础上,建立生态产品价值核算结果发布制度,适时评估崇明生态保护成效和生态产品价值。

　　二是要制定崇明生态产品价值核算规范。崇明花博会园区拥有全国首个"碳中和示范园区"证书,是中国首个碳中和园区。在全国倡导"双碳"的背景下,花博文化园正推动崇明在生态之路上迈进一大步。因此,可以以碳汇等关键生态产品为样板,鼓励崇明先行开展以生态产品实物量为重点的生态价值核算,再通过市场交易、经济补偿等手段,探索不同类型生态产品经济价值核算,逐步修正完善核算办法。在总结各地价值核算实践经验的基础上，探索制定生态产品价值核算规范，明确生态产品价值核算指标体系、具体算法、数据来源和统计口径等，推进崇明生态产品价值核算标准化。

其次，健全崇明生态价值开发机制。

一是要推进生态产品供需精准对接。2021年，在崇明举办的中国花博会，是中国花卉园艺领域规模最大、规格最高、影响最广的综合性花事盛会。借着花博会东风，崇明要加快推动生态产品交易中心建设，定期举办生态产品推介博览会，组织开展生态产品线上云交易、云招商，推进生态产品供给方与需求方、资源方与投资方高效对接。通过新闻媒体和互联网等渠道，加大生态产品宣传推介力度，提升生态产品的社会关注度，扩大经营开发收益和市场份额。加强和规范平台管理，发挥电商平台资源、渠道优势，推进崇明更多优质生态产品以便捷的渠道和方式开展交易。

二是要拓展生态产品价值实现模式，促进生态产品价值增值。崇明生态旅游资源丰富，拥有东滩—陈家镇旅游集聚区、东平—北湖旅游集聚区、西沙—明珠湖旅游集聚区。依托洁净水源、清洁空气、适宜气候等自然本底条件，引进专业设计、运营团队，在最大限度减少人为扰动的前提下，打造旅游与康养休闲融合发展的生态旅游开发模式，通过统筹实施生态环境系统整治和配套设施建设，提升教育文化旅游开发价值。同时，鼓励打造具有鲜明崇明特色的生态产品区域公用品牌，将各类生态产品纳入品牌范围，加强品牌培育和保护，提升生态产品溢价。鼓励实行农民入股分红模式，保障参与生态产品经营开发的村民利益。对开展生态产品价值实现机制探索的重点区域，鼓励采取多种措施,加大对必要的交通、能源等基础设施和基本公共服务设施建设的支持力度。

最后,健全崇明生态价值实现保障机制。

一是要建立生态产品价值考核机制。崇明世界级生态岛建设承载着国家、上海的重大期待,清洁空气、干净水源、安全土壤等是崇明发展不可或缺的必要条件。因此,要探索将生态产品总值指标纳入崇明(以及上海)高质量发展综合绩效评价中去。对于崇明这样一个以提供生态产品为主的重点生态功能区,推动落实减少、甚至取消经济发展类指标考核,重点考核生态产品供给能力、环境质量提升、生态保护成效等方面指标。推动将生态产品价值核算结果作为崇明领导干部自然资源资产离任审计的重要参考。对任期内造成生态产品总值严重下降的,依规依纪依法追究有关党政领导干部责任。

二是要建立生态环境保护利益导向机制。崇明世界级生态岛发展既需要政府层面的推动,也离不开崇明各个企业、社会组织和个人的支持。要探索构建覆盖企业、社会组织和个人的生态积分体系,依据生态环境保护贡献赋予相应积分,并根据积分情况提供生态产品优惠服务和金融服务。引导崇明建立多元化资金投入机制,鼓励社会组织建立生态公益基金,合力推进生态产品价值实现。加大绿色金融支持力度,鼓励企业和个人依法依规开展水权和林权等使用权抵押、产品订单抵押等绿色信贷业务,探索"生态资产权益抵押+项目贷"模式,支持崇明生态环境提升及绿色产业发展。

崇明生态岛生态产品价值实现路径

作为长江经济带绿色发展的典范,崇明正全面实施"＋生态""生态＋"战略,大力推动生态、生产、生活融合发展。我们研究认为,崇明生态岛生态产品价值实现路径主要包括以下三个方面:

第一,推动崇明生态岛碳交易市场建设。崇明可依托滨海生态资源优势,建设蓝碳交易及定价中心。重点开展以下工作:一是蓝碳专项调查与评估,建立蓝碳基础数据库,在此基础上积极探索建立简明科学、统一规范的蓝色碳汇核算标准。二是鼓励政策性银行、商业银行、资产管理机构、保险机构发展蓝碳领域绿色金融及其衍生品,设立专门的蓝碳基金,加快碳债券、碳期权、碳质押等碳金融产品试点。三是开展蓝色碳汇交易制度设计工作,重点对蓝色碳汇交易的交易模式、交易对手、定价机制等进行具体规范研究,建立科学的监督和登记备案制度,加强蓝碳交易全过程监管,探索建立完善的蓝碳市场信息披露制度,构建统一的蓝碳交易信息公开平台。

第二,打造具有全球影响力的绿色基地。一是打造绿色制造基地。绿色制造可促使产品从设计、制造、使用到报废整个产品生命周期中不产生环境污染或环境污染最小化,符合环境保护要求,对生态环境无害或危害极少,节约资源和能源,使资源利用率达到最高,能源消耗最低。具体包括绿色设计、绿色工艺、绿色选材、绿色包装以及绿色处理等。崇明生态岛可融合绿色化学的核心原则,牢固树立原子经济性、资源循环性的发展理念,做到最大限度地利用原料、节约资源及减少废物排放。

二是打造未来农业基地。随着自然农业向工业化农业、数字化农业以及智慧型生态农业转变,崇明岛可依托优厚的农业资源,根据育种—生产—再制造—消费生产链条,大力发展都市绿色农业,重点瞄准智能精准农业(基于云计算、智能感知和决策预警支撑的农业体系)、绿色生态农业(致力于攻克微生物组和生态调控技术)、未来育种食品(人造食品、优良品种培育、提供安全营养和高品质的农产品)。

三是打造国际一流的生态旅游基地。崇明可利用河口、岛屿、湿地、田园天然资源,建设一系列典型性生态科普与户外试验课堂,开发一批适合不同校地合作及学龄段的研学旅行精品课程,争取成为上海市中小学校乃至全国知名大中学校的第二生态文明课堂,打造生态科普与研学旅行基地。依托生态资源优势,做大做强大健康产业,探索生态岛户外运动、体育健身与健康养生养老新方式,利用森林湿地小气候环境研发一批养身养心养情养生的新产品,将崇明生态岛打造成为上海城市亚健康人群的生态健康疗养度假地。

第三,聚力"双碳"目标的绿色技术研发攻关。一是工业增汇(工业碳捕获技术等)。当前二氧化碳捕获成本高,而且大多数二氧化碳转化需要来自"绿氢",尚未形成规模化的二氧化碳利用的产业。崇明生态岛具备发展这一产业的优势,将现有的碳资源进行转移转化。重点可联合长江流域重点高校、科研机构,围绕二氧化碳捕获与综合利用技术,建设崇明生态岛二氧化碳与工业废气重整的工业示范、二氧化碳高效捕获材料的规模化开发和应用示范、二氧化碳"捕获—转化"

一体化为甲烷的应用示范。

　　二是自然增汇。森林、草原、湿地等自然生态系统碳汇潜力巨大，崇明生态岛可通过遥感影像、通量观测、野外实验、模型模拟等方式方法，提升多站点联网观测、多源技术手段融合评估和模拟区域碳汇能力，为崇明生态价值实现和碳中和提供数据支撑和技术支持。

长三角能源低碳转型面临四大变革

孙可哿　尚勇敏　李海棠[*]

温室气体排放引起的全球气候变暖导致暴雨、高温等极端气候问题频频发生,继 2021 年 4 月 30 日江苏南通冰雹和雷暴大风事件后,7 月 20 日,河南郑州又遭遇特大暴雨。气候变化问题引起的自然灾害给人类带来不可估量的生命和财产损失,减缓全球变暖、应对气候变化成为我们不可回避的问题。

2020 年联合国大会上,习近平总书记提出的 2030 年前碳达峰、2060 年前碳中和目标表明了中国应对气候变化的决心。能源低碳转型是实现双碳目标的关键,而能源供给结构、消费模式、低碳技术、体制机制的变革是实现能源低碳转型的关键。长三角地区是中国的经济重心和能源消费的净输入地,上海、江苏均提出率先实现碳达峰的目标,然而长三角地区可再生能源资源禀赋相对匮乏,适应高可再生能源比例的能源体系尚未建立。碳达峰、碳中和目标对于长三角地区能源体系而言是一场供给、消费、技术、体制机制的系统性变革。那么

---

　*　孙可哿,上海社会科学院生态与可持续发展研究所助理研究员;尚勇敏,上海社会科学院生态与可持续发展研究所副研究员;李海棠,上海社会科学院生态与可持续发展研究所助理研究员。

碳达峰、碳中和背景下长三角能源转型面临怎样的挑战,长三角如何实现能源绿色转型?

长三角能源低碳转型面临四大变革

长三角能源消费中化石能源比重偏高,可再生能源推广受到资源禀赋、基础设施、体制机制多方面约束。近年来,煤炭等化石能源在长三角能源消费中所占比重持续下降,但仍然占主导地位。根据 2020 年《中国电力统计年鉴》分地区发电量数据计算,2019 年,长三角三省一市本地发电量共计 12 323 亿千瓦时,火力发电量仍占总发电量的 83.91%;区外来电占本地电力消费总量的 18.96%。其中,上海、江苏、浙江、安徽火力发电分别占本地当年发电总量的 97.01%、86.21%、70.74%、92.25%,除安徽为电力净调出地外,其余两省一市均为净输入地。

"十三五"期间,长三角地区积极提升可再生能源发电能力。根据 2020 年《中国电力统计年鉴》分地区发电装机容量数据计算,截至 2019 年底,长三角总计新增发电装机容量 7 931 万千瓦,其中新增非火力发电机组容量占 65.04%。然而,火力发电装机容量仍占地区总装机容量的 73.21%,可再生能源发电机组小时利用率仅为 25.50%。可再生能源的推广和应用已经不再受成本约束,但长三角地区建设光伏发电、风力发电所需的土地资源相对匮乏,太阳能和风力资源在全国各省市中处于较低水平,现有电网基础设施、电力交易机制尚未能应对大规模区外可再生能源调入带来的供电间歇性、安全性问题。

因此,长三角能源转型并不是简单的可再生能源对化石能源的替代,而是从煤炭为主的能源结构转向煤炭占比下降,石油、天然气、可再生能源、核能等多种能源占比提升的多元化能源结构,构建能源品种多元化、来源多元化的供给体系。这是长三角地区能源低碳转型在"双碳"愿景下面临的第一个变革。

长三角高碳经济增长模式存在发展惯性,经济增长与生活水平提升引起能源需求增长与碳减排约束矛盾突出。尽管长三角地区已经进入服务业增速大于工业增速的阶段,但碳排放强度较高的制造业仍然在长三角地区经济发展中占据重要地位。根据 CEADS 数据库省(市)碳排放数据、《中国统计年鉴》省(市)GDP 数据计算,2019 年,长三角工业部门碳排放占地区碳排放总量的 80% 以上,工业部门单位增加值碳排放是全行业单位增加值碳排放的 2.5 倍左右。工业部门是长三角单位产值排放系数最高、碳排放总量占比最大的行业,其增加值占长三角 GDP 的 33.42%。

此外,随着收入水平的提高和生活质量的提升,长三角地区生活能耗与碳排放总量呈现上升趋势,对碳达峰、碳中和目标实现形成挑战。根据 CEADS 数据库省(市)碳排放数据计算,2018 年,长三角城市与农村生活碳排放总量是 2000 年的 3.22 倍,人均碳排放达到 2000 年的 2.73 倍,2018 年除上海城乡生活碳排放总量与人均值出现下降,其他三省仍然保持增长趋势。因此,长三角低碳能源转型同时也要依赖工业部门产业转型升级、居民部门能源消费方式改变。

综上,能源低碳转型还面临着能源消费方式的变革,需要重构适应低碳能源体系的生产生活模式。

　　低碳能源技术是实现碳减排、碳中和目标的关键。低碳能源技术涉及能源生产、转换、消费的多个方面,包括光伏、风电、核电等新能源技术,洁净煤和煤层气技术,碳捕集、碳利用、碳封存技术(CCUS),分别从能源供给无碳化、能源转换低碳化、能源消费减碳化角度实现碳减排目标。目前,长三角地区的新能源技术发展较为成熟,三省一市已经形成优势互补的格局。上海在新能源技术研发、国际交流等方面具有优势,而江苏、浙江分别在光伏和风电整机制造业、零部件制造业方面具有优势,安徽则在生物质能发电等方面具有优势。

　　在洁净煤等低碳技术方面,国家能源局发布《煤炭清洁高效利用行动计划(2015—2020年)》,从煤炭总量控制、转化和利用效率提升等角度全方位激励煤炭利用效率提升,支持洁净煤技术发展。长三角三省一市洁净煤炭技术应用在全国处于领先水平。以发电行业为例。根据2020年《中国电力统计年鉴》分地区6 000千瓦及以上电厂发电煤耗、总发电量计算,2019年,长三角(6 000千瓦规模以上发电厂)平均发电煤耗约为280.22克/千瓦时,低于全国平均水平2.79%,相对于"十二五"末期下降2.30%。

　　在脱碳技术方面,目前国内外碳捕集、碳利用、碳封存技术均取得显著发展,但国内技术效率与成本仍与国外有一定差距。CCUS技术由于耗能高、成本高、风险高等问题,在国内的应用尚未推广。长三角地区新能源资源禀赋有限,能源消费以国外、外省市调入煤炭、石油等化石能源为主,火力发电机组在保障区域内用电安全方面仍有不可替代的作用。在碳中和愿景下,长三角地区有必要率先突破碳捕集、碳利用、碳封存技术与成本瓶颈,率先推进CCUS项目应用,然而目前长三角地区在这一方面的合作仍然不足。因此，在能源低碳转型过程中，长三角地区还需要进行低碳能源技术变革，引领能源体系碳排放效率全方位提升。

最后，长三角地区能源低碳转型要改进能源体制，促进区域能源资源配置提升。改革开放以来，中国能源体制开始从计划经济向市场经济过渡，旨在通过市场机制促进能源工业资源配置效率提升，以应对不断变化的国际能源供需格局、价格趋势、技术革新。目前电力、油气市场化改革已进入深水区，除了具有自然垄断特征、关乎能源安全的关键环节外，电力、油气市场已实现政企分离，并允许非国有资本进入。在碳中和愿景下，能源结构变化、低碳技术革新对能源体制变革提出新的要求，长三角地区亟待建立并完善适应高比例可再生能源、多元化能源供给、数字化与智能化转型、能源需求侧管理等新发展趋势的能源体制。2021 年 5 月国家发改委、能源局印发《关于进一步做好电力现货市场建设试点工作的通知》（以下简称《通知》），至此长三角三省一市全部被纳入电力现货市场试点（浙江第一批，上海、江苏、安徽第二批）。《通知》同时提出加快长三角区域电力市场建设方案研究，这一决策有利于区域电力市场一体化建设，同时也对长三角区域能源市场一体化发展、能源资源配置效率提升形成新的机遇和挑战。

长三角能源低碳转型的对策与建议

第一，建立适应多元化能源供给的电力系统。在碳中和愿景下，长三角地区需要合理开发利用本地新能源,积极调入外部能源,构建多元化的能源供给体系,进一步提升电气化水平。长三角电力部门能源结构将面临可再生能源比例较大幅度提高、外来电比例进一步提升、能源供给多元化的趋势。风力、光伏、水力等可再生能源发电具有间歇性特征,同时外来电也具有不确定性,势必为本地电力安全带来更大的不确定性,对本地备用发电机组带来更高需求。长三角地区需要进一步推广应用电力需求侧管理、虚拟电厂技术,以增强电力系统适应多元化能源供给的能力。一方面,电力需求侧管理有助于电力负荷削峰填谷、资源合理分配、消费总量削减,从而降低备用发电机组容量需求,从需求侧保障电力系统安全,实现节能减排目标。另一方面,虚拟电厂则从供给侧解决发电来源多样、可再生能源间歇性带来的不确定性问题,有助于促进可再生能源消纳,提升可再生能源利用效率,保障能源供给安全。

第二,建立清洁化能源消费方式。建筑、交通、制造业是长三角地区除电力、热力供应部门以外碳排放的最主要来源,具有较大节能减排空间。为实现"双碳"目标,应对气候变化问题,长三角需要改造重点领域的能源消费模式,提升能源利用效率。在建筑领域,长三角地区应当进一步推广绿色建筑,严格执行绿色建筑标准体系,在建筑施工、运营、使用阶段全面实现节能减排目标。与此同时,分阶段、分批次逐步实现老旧建筑的节能节水绿色改造;建立区域协同、具有连续性的绿色建筑评估体系、监管政策、激励政策,引导多部门资本进入绿色建筑领域。在交通部门,推进长三角一体化交通布局,打造具有立体层次、内外联通的轨道、公路、水运、民航交通体系,提升区域交通运输效率;进一步推进新能源汽车替代传统燃油汽车,完善三四线城市充电桩等基础设施建设。在制造业领域,借鉴国际大都市圈经验一体化布局长三角制造业和碳达峰、碳中和路径,进一步淘汰石油化学工业、金属冶炼和延压等高耗能、高排放制造业的落后产能、推进产业升级。

第三,建立区域低碳技术共享机制。在可再生能源资源禀赋不足,外来电造成供电安全性下降等问题的约束下,长三角地区研究并推广 CCUS 等减碳、脱碳技术是未来实现碳中和目标的关键。根据IEA《2020 年能源技术展望:碳捕集、利用与封存特别报告》估算,建造和运营 CCUS 设施的经验能够有效改进技术并降低成本。位于休斯敦的 Petra Nova 发电厂在 2017 年安装 CCUS 设施进行碳捕捉的成本约为 65 美元/吨,相比 2014 年加拿大 Boundary Dam 安装设施的碳捕捉成本下降 30%。目前,CCUS 技术由于成本高、能源消耗等问题尚未在国内火力发电厂中推广,长三角地区有必要建立区域内与区域间低碳技术共享机制,通过吸引外资、技术转移等方式与国内外拥有CCUS 设备改造经验的发电企业进行合作,同时促进长三角内部企业的合作与技术共享,推进 CCUS 技术在长三角发电、能源转换等领域的应用。

第四,加强区域能源市场化改革方案对接。长三角能源体制改革以理顺能源价格、解决能源供需矛盾等社会经济发展问题为目标,电力、油气市场改革已取得显著成效,在碳中和愿景下节约能源、保护环境将是长三角能源体制改革的优先原则。长三角三省一市有必要加强电力现货市场建设、天然气管网和价格机制改革、煤炭储备与质量管控机制、绿证交易与可再生能源消纳机制等方面改革方案的对接，以进一步理顺能源价格，促进能源结构绿色转型，支持长三角分地区、分行业逐步实现碳达峰、碳减排目标。

聚焦绿色低碳，进博会可发挥全球示范效应

朱贻文 [*]

　　2021 年 11 月 4 日，习近平总书记在第四届中国国际进口博览会开幕式（以下简称"第四届进博会"）主旨演讲中指出，中国将坚定不移维护世界共同利益，深度参与绿色低碳、数字经济等国际合作，推动加强贸易和投资、数字经济、绿色低碳等领域议题探讨。

　　自 2020 年 9 月 22 日提出碳达峰、碳中和目标以来，中国推动绿色、低碳转型的步伐不断提速，"绿色、低碳"也成为贯穿第四届进博会的重要主题。作为中国推进新一轮对外开放的重要平台，进博会积极开展国际零碳与绿色合作，力争成为会展业的"绿色"标杆，从而助力中国成为全球应对气候变化和生态文明建设的参与者、贡献者和引领者。

进博会贯彻绿色低碳发展理念的举措与亮点

　　一是绿色、环保的办展理念贯穿始终。展馆本身就体现了绿色环

　　* 朱贻文，华东师范大学城市发展研究院副教授。

保理念。国家会展中心(上海)荣获国家绿色建筑三星级认证证书,成为国内首家大型会展类三星级绿色建筑运营项目,同时也是国内最大体量的三星级绿色建筑,建筑节能率达到65%。绿化景观方面,进博会用垒土代替了传统土壤的使用,作为新型节能环保建筑辅材的一种,垒土技术能让农林废弃物得到有效利用,重获新生。布展方面,进博会严格按照《绿色中国国际进口博览会标准》执行,为了鼓励展商绿色布展,还专门设立了"绿色展台奖",鼓励材料回收,减少建材浪费,展台"绿色达标率"达到100%。2021年的进博会在证件服务上也更为环保。为进一步体现进博会绿色、低碳、循环和可持续理念,第四届进博会首次应用"证件复用"举措,支持重复使用上一届进博会人员证件,目前已开通复用证件近6万张。

二是以绿色、低碳为主题的专区和论坛地位不断提升。第三届进博会就设立了以节能环保为主题的专区,第四届进博会则对专区进行了优化,更名为能源低碳及环保技术专区,并以"低碳发展,绿色复苏"作为主题,为全球能源与环保企业搭建国际交流合作平台,助力中国"30、60"(二氧化碳排放力争于2030年前达到峰值,努力争取2060年前实现碳中和)目标实现。此外,与进博会同期举办的第四届虹桥国际经济论坛以"气候变化背景下的绿色发展与全球经贸新格局"为主题,聚焦绿色发展对全球贸易带来的新机遇与新挑战,邀请国内外专家共同探讨绿色发展的内涵与核心,展望绿色发展背景下国际贸易发展的新图景。

三是绿色、创新的前沿产品和技术高度集聚。第四届进博会,不仅有大批体现绿色、低碳、可持续发展理念的产品首发首秀,也聚集了许多提供绿色创新技术、碳减排方案的海外参展商。汽车展区面积约3万平方米,以"绿色、创新、科技引领"为办展主线,除了丰田、大众、戴姆勒、本田、通用、宝马、现代等汽车集团之外,博世、佛吉亚、科思创、米其林、伟巴斯特等汽车产业链上下游的企业也纷纷参展,带来减碳、数字化转型、智能化及电动化的最新产品、技术及解决方案。施耐德电气是第四次参会,以"助推碳中和,加速数字化"为主题亮相能源低碳及环保技术专区,展示"零碳城市"有关的理念和实践,为建设"零碳城市"和推动产业低碳转型提供范本。医疗领域的展品也流行"绿色风尚"。例如,来自美国的瓦里安就将推出全球首台基于绿色低碳理念而设计的个体化癌症治疗室,采用低能耗环保设计理念,可比传统治疗设备降低三分之二的能耗。服务业方面,碳足迹计算与认证、可生物降解测试、Green Mark 绿色产品认证、氢能产业安全风险管理评估等一揽子"绿色服务"都同台亮相。此外,贝克休斯、西门子能源等诸多知名海外进博会参展商已纷纷宣布了自己的碳中和目标愿景,并将通过自愿行动支持进博会的碳中和倡议。

当前全球绿色低碳转型的重要趋势

以哥本哈根气候变化大会为标志,绿色、低碳的经济发展模式已成为国际社会的共识。近年来,世界主要国家都将刺激经济的重点放在新能源开发、节能技术、智能电网等领域,通过扩大政府和个人投资来实现向低碳经济的转型。2021 年 11 月 2 日,英国财政大臣苏纳克

(Rishi Sunak)在格拉斯哥气候峰会上提到,全球80％的经济体已承诺实现净零或碳中和目标。此外,来自45个国家、资产共计130万亿美元的450多家银行和基金在峰会上宣布成立"格拉斯哥零净金融联盟"(GFANZ),向全球提供零碳过渡的金融支持。

2021年10月,由联合国人居署、国际展览局和上海市政府共同主编的《上海手册》同样聚焦"绿色、低碳与可持续发展"主题。华东师范大学城市发展研究院团队在2021版《上海手册》经济篇中指出,当前全球经济形势正面临深刻变化,城市经济的发展模式亟待创新。应通过能源技术和减排技术创新、产业结构和制度创新以及人类发展观念的转变,逐步摒弃传统的经济增长模式,减少温室气体排放对全球气候的影响,最终实现世界经济的可持续发展。

作为拥有工业技术传统优势的代表,德国通过新能源汽车产业等拥有良好基础的重点行业,带动发展模式转型。早在2007年,德国政府就制定了"综合能源与气候计划",将电动汽车作为重要的交通工具,并提出要制定明确的电动汽车发展规划。德国著名车企宝马、奔驰、大众牵头共同成立了一个合资公司IONITY,在多个国家建起电动汽车充电站。目前,德国拥有全球大约三分之一的电动汽车专利,其中插电式电动汽车专利占34％,混合动力车专利占32％。德国的目标是到2030年在道路上推出至少600万辆电动汽车,并提供100万个充电站。同时,作为最早的证券交易市场、全球第一家证券交易所诞生地,荷兰则充分利用了其在金融方面的优势。阿姆斯特丹政府发布了"2040年能源战略",这份文件确立了阿姆斯特丹向可持续发展转型的基本目标与框架,其中承诺2040年该市的二氧化碳排放量比

1990 年下降 75%。阿姆斯特丹气候与能源基金是实现该目标的手段之一,要求投资的每 1 欧元必须每年至少减少 2 千克二氧化碳排放量才有资格获得资助。阿姆斯特丹针对环保、节能、清洁能源、绿色交通、绿色建筑等领域的项目建立专项投资基金,通过多种渠道的资金投入促进节能减排事业发展。

发挥全球示范效应,打造绿色低碳发展的中国范例

中国是全球第一贸易大国,中国的绿色、低碳转型对全球具有举足轻重的影响力。加强与其他国家的绿色贸易与投资合作,推动国内生产生活方式绿色转型,不仅是中国实现"双碳"目标的重要一环,而且对全球实现减排目标具有重要的示范效应。进博会作为连接中国与世界市场的重要平台,正可在此方面发挥关键作用。为此,我们提出如下建议。

第一,建议编撰《中国国际进口博览会·绿色低碳发展年度报告》(中英文版绿皮书)。进博会在贯彻绿色低碳发展理念上采取了诸多举措,体现出不少特色和亮点。可从办展的绿色实践、企业的绿色创新、城市的绿色效应、人民的绿色参与等方面,对进博会在绿色、低碳和可持续发展中起到的广泛影响进行年度总结。通过中英文版绿皮书的形式,向全球展示进博会的良好形象。

第二,建议更多通过线上商业媒体,向全球展示进博会优异成果。当前,全球疫情态势复杂多变,国际经贸往来亟待复苏。因此,目前应

重点采用线上媒体传播的形式,在商业层面充分展示进博会高质量的办展水平、丰硕的展会成果。此外,也可通过国内合作企业、行业协会、驻外使馆等途径,加强对国际上低碳、绿色产业龙头企业参展的直接推介力度。通过龙头企业的"领头羊效应",带动整个低碳、绿色产业生态圈的目光聚焦进博会。充分发挥龙头企业在相关产业中的辐射带动作用,逐渐形成产业链上下游在进博会主动集聚的态势。

第三,建议以进博会为契机,大力支持绿色产品进口。进博会为中国能源与环保企业搭建了国际交流合作平台,对推进中国能源低碳转型升级,对环境保护、促进绿色转型有着重要意义。通过绿色贸易推动碳减排,可以从构建清洁能源体系、推进绿色工业制造、推广建筑节能改造、实现低碳交通运输等角度入手。借助进博会平台,优先支持能够打通这些领域堵点难点的技术、设备和原材料进口,从而打造绿色、低碳和可持续发展的中国范例。

长三角区域一体化政策的碳排放效应[*]

郭　艺　曹贤忠　魏文栋　曾　刚[**]

碳排放及其导致的气候问题已经成为全球关注的焦点。作为世界第一大碳排放国家,中国在 2020 年 9 月 22 日第 75 届联合国大会上,提出了 2030 年前实现碳达峰和 2060 年前实现碳中和的宏伟目标。长三角地区肩负着探索区域新发展格局的战略使命,是全国高质量一体化发展的示范区,也是实现"双碳"目标的重要区域。习近平总书记多次指明,长三角一体化发展要紧扣一体化和高质量两个关键词。由于长三角地区粗放型工业化推进的时间较早,区域内资源环境与经济增长的矛盾较为严重,其中过度的碳排放是不容忽视的问题。那么,长三角一体化政策的实施在降低行政壁垒,优化要素配置的同时,产生了什么样的碳排放效应? 其内部作用机理是什么? 关于这些问题的思考和回答,对于探索可复制、可推广的区域高质量一体化发展新模式具有重要意义。

---

　* 本文改自作者发表于《地理研究》(2022 年第 1 期)的论文《长三角区域一体化对城市碳排放的影响研究》。

　** 郭艺,华东师范大学城市与区域科学学院人文地理学博士研究生;曹贤忠,上海市高校智库上海城市发展协同创新中心副主任;魏文栋,上海交通大学国际与公共事务学院副教授;曾刚,华东师范大学城市发展研究院院长、终身教授。

区域一体化影响城市碳排放的三条路径

荷兰经济学家丁伯根（Tinbergen）最早提出了经济一体化的概念，指出地区间将阻碍资源和要素自由流动的各种人为障碍加以弱化和消除，可以实现区域的协调发展。但不同经济发展水平的地区对经济增长和环境污染的偏好程度存在差异，根据经典增长收敛理论，低发展水平地区的要素回报率相对高发展水平地区更高。区域一体化可以促进资本、知识和信息等要素资源自由流动，推动区域间的深入合作。环境可以看作是一种特殊的要素，随着区域一体化水平的不断提升，环境要素会随着资本等要素流动到资本回报率较高的地区。低发展水平地区也会通过信贷优惠、税收减免和土地供给等方式吸引高发展水平地区转移的超排企业，加速了环境要素的消耗，从而对节能减排目标的实现产生不利影响。此外，区域一体化一方面促进了城市间交通基础设施互联互通，另一方面，基础设施以及相关配套设施的建设会产生大量的碳排放，主要是因为建筑施工由复杂的供应链构成，基础设施的大规模新建和拆除都需要大量的能源投入。

区域一体化通过提高城市技术水平进而影响碳排放的路径有以下三条：一是区域一体化在促进创新要素在区域间自由流动的同时，也带动了区域间创新网络的形成，有利于知识溢出，技术扩散以及新技术的产生。二是区域一体化意味着企业有机会扩大域外市场规模和范围,企业为了占据竞争优势和提高经济效益,具有更为强烈的产品升级或产品创新动力,从而加大技术创新投入。此外,地区间通过搭建创新服务平台和科创资源平台等载体,不仅增强了城市层面和企业层面相互信任,而且使企业的创新风险大幅度降低,提高了企业的创新动力。三是随着长三角一体化政策的深入推进,区域间生态环境保护协作机制不断完善。环境标准的提高和环境监管的加强,会倒逼高污染企业进行生产方式转型升级,使用更先进的节能减排技术和清洁能源。企业通过生产工艺和技术装备水平绿色化、低碳化来避免行政处罚或遭淘汰,同时也带动了城市整体技术水平提升。

区域一体化有助于推动区域间产业的对接合作,各地区根据自身的资源禀赋、区位优势和已有发展水平,深化区域间产业分工合作,形成上下游产业联动机制。《长江三角洲地区区域规划》要求长三角地区推进产业结构优化升级,加快发展现代服务业,推进信息化与工业化融合,培育一批具有国际竞争力的世界级企业和品牌,建设全球重要的现代服务业中心和先进制造业基地。区域一体化会促进要素资源流向高生产率、高效益企业,加剧淘汰落后产能和竞争实力较弱的企业,从而推动区域产业结构升级,促进节能减排。此外,现代污染治理体系的构建会形成"绿色壁垒",增加高污染、高排放和高风险企业进入市场的边际生产成本与沉没成本,加快推进企业清洁生产方式的替代,使本地区污染产业所占的比例下降,进而对节能减排表现出积极的效果。

长三角区域一体化对城市碳排放的实证分析

长三角区域一体化的政策可以追溯到 1982 年发布的"六五"计划（1981—1985 年），其中提出要建立以上海为中心的长江三角洲经济区。此后，国家层面未再出台长三角一体化相关政策，直到 2008 年国务院发布《关于进一步推进长江三角洲地区改革开放和经济社会发展的指导意见》。2010 年 6 月，国务院正式批准《长江三角洲地区区域规划》，该规划首次从国家层面将长三角地区的 16 个城市确定为中心城市。2016 年 5 月，国务院常务会议通过《长江三角洲城市群发展规划》。2019 年 12 月，中共中央、国务院印发《长江三角洲区域一体化发展规划纲要》，标志着长三角一体化发展上升为国家战略。

为了评估区域一体化政策实施带来的影响，笔者通过梳理国家层面的长三角一体化政策，同时考虑到相关数据的可得性问题，并排除时间维度的干扰，发现 2010 年《长江三角洲地区区域规划》的颁布为长三角区域一体化政策效应的量化提供了难得的准自然实验。因此，笔者以 2010 年《长江三角洲地区区域规划》的颁布为准自然实验的起点，采用双重差分（DID）方法通过比较政策实施前的城市、实施后的城市与未实施政策的城市之间的差异，得到"差分中差分"的结果，从而有效量化政策实施所带来的净效应。在此基础上，采用中介效应模型，识别区域一体化碳排放效应的内在机理。

从动态效应来看，区域一体化政策的碳减排效应出现在政策实施后的第三年。原因可能在于区域一体化政策实施初期,地区间项目合作骤然增多,产能规模快速扩张引起能源需求急剧增加,进而提高城市碳排放。但随着跨区域联防联控机制不断完善,各类节能减排技术的推广和应用,区域一体化政策的碳减排效应增强。

从城市等级来看,区域一体化政策对高等级城市碳排放减少的促进作用大于一般城市。究其原因,一方面是由于高等级城市在区域一体化过程中具有示范和引领作用。除了在经济发展和科技创新方面之外,在生态环境治理方面,高等级城市通过推进节能减排措施,加大环境政策落实力度,发挥生态环境治理的带动能力。另一方面,城市间政府合作有利于深化城市间产业分工和推动产业转移。高附加值、高科技含量的产业以及生产制造业的高端环节倾向于在高等级城市聚集。相比高等级城市,一般等级城市较为宽松的环境规制政策,会承接由高等级城市转移的高耗能、低附加值的产业。区域一体化在给一般等级城市带来先进生产技术和环保技术的同时,也带来大量的碳排放。

从作用机理来看,区域一体化政策通过促进产业结构的升级和城市技术水平的提高,显著降低了城市碳排放,而通过城市间经济联系的增强,在一定程度上增加了城市碳排放。

对策建议

第一,统一制定长三角绿色发展空间及功能布局总体规划,建立城市间碳减排与绿色发展的互动合作机制，加大政府对企业绿色技术开发的政策支持力度，构建可监测、可操作的绿色发展评价指标体系，为长三角低碳发展提供可靠的保障。

第二，响应中央号召，开展苏浙皖沪三省一市绿色制造关键技术联合攻关，搭建跨行政区的科技、人才、资本信息发布与共享平台，构建以企业为主体、市场为导向、产学研深度融合的绿色技术创新体系，推动绿色生产技术的高效产出和转化应用。

第三，打造长三角低碳产业体系。限制边缘欠发达地区的水泥、钢铁、造纸印染等"三高两低"工业以及中心发达地区的基础原材料、能源重化工产业规模，大力发展以清洁技术、节能技术、产品回收、安全处置与再利用为核心的环保产业，大力支持跨行政区集成电路、生物医药、人工智能等产业链、创新链的低碳化发展。

"双碳"目标下，长江经济带生态如何协同发展

石庆玲　曾　刚　滕堂伟　胡　德[*]

实现碳中和是应对全球气候变暖的必然要求。根据联合国政府间气候变化专门委员会(IPCC)测算，若实现《巴黎协定》2 摄氏度控温目标，全球必须在 2050 年达到二氧化碳净零排放。碳达峰、碳中和是中国对世界的承诺，也是"十四五"规划的工作重点。

长江经济带作为国家生态文明建设的先行示范带，肩负着率先实现碳达峰、碳中和的重大使命。为此，"长江经济带城市协同发展能力指数(2021)"特别关注"双碳行动"这一背景。本文以该指数为分析依据，聚焦生态支撑协同发展领域，探讨"双碳行动"目标下，生态如何协同发展。长江经济带生态支撑协同分指数结果表明，在"双碳行动"目标指引下，长江经济带生态支撑协同发展能力有所增强；生态支撑协同能力与经济发展、科技创新、交流服务三个领域的协同联动呈现出弱正相关关系；但长江经济带生态支撑协同发展仍面临挑战。未来仍需五措并举持续开展长江经济带保护修复攻坚战。

---

* 石庆玲，华东师范大学城市发展研究院副教授、晨晖学者；曾刚，华东师范大学城市发展研究院院长、终身教授；滕堂伟，华东师范大学城市与区域科学学院副院长、教授；胡德，华东师范大学中国现代城市研究中心特约研究员。

长江经济带生态支撑协同发展能力显著增强

在"双碳行动"目标指引下,长江经济带生态支撑协同发展能力有所增强。相比 2020 年,2021 年度各市的"双碳行动"情况被新纳入评价体系。根据计算结果,长江经济带生态支撑协同发展能力整体上稍有向好,但生态环境问题依然十分严峻。相比于 2020 年,2021 年生态支撑协同发展能力有所提升,平均得分为 11.03 分,高出上年(7.49分)3.54 分。排名第一的城市仍然是浙江舟山,但得分(19.17 分)高出上年(17.13 分)2.04 分。

从空间分布看,生态支撑领域的全域莫兰指数显示生态支撑领域具有显著的正向空间相关性,因此长江经济带生态支撑协同能力存在空间集聚现象。前十名有两个城市位于长三角地区,八个城市位于长江经济带中上游地区。

2021 年,舟山生态支撑协同能力仍处于整个长江经济带的首位,云南保山次之。云南普洱、江西景德镇、贵州铜仁、浙江丽水和重庆内江属于 2021 年度新进前十名的城市。其中,普洱排名由 2020 年的第12 名上升到第 4 名,景德镇由 2020 年的第 14 名上升到第 6 名。内江生态支撑协同能力得分的迅速上升缘于环保投入和"双碳行动"得分较高,反映出内江作为老工业城市,坚持绿色发展理念推动产业转型升级,加速环保产业布局和能源结构调整实际成效显著。位于长三角城市群内部的丽水相比 2020 年排名(第 21 名)取得较大幅度提升。

在"双碳行动"得分方面丽水排在前列,且环境投入和空气质量得分有所上升。此外,保山、丽江、普洱三市生态支撑协同能力位于前十名,然而经济发展协同能力却排在后十名。

后十名城市中有三个位于长三角地区,七个位于长江经济带中上游地区。铜陵和咸宁生态支撑协同能力继续垫底。作为安徽省的工业化高地,铜陵承接了大量沿海城市制造业的产业转移,短期内产业结构和能源结构调整成效甚微。从具体指标变化看,2021年铜陵的环保投入得分(5.88分)相比2020年(1.93分)小幅增加,但是"双碳行动"得分(22分)较低。咸宁的环保投入得分依然处于较低水平(得分仅为0.3分)。由此可见,将环保投入转为能够实现清洁生产和节能减排的绿色技术创新成果,并及时响应国家"双碳行动"号召,是铜陵未来平衡生态环境保护和经济发展的必然选择。徐州排名变化较大,由2020年的78名降为107名。从徐州综合的经济水平来看,2021年徐州的环保投入较少,且相比于2020年(3.04分),又进一步减少(1.22分),同时相比长江经济带其他城市而言(长江经济带"双碳行动"平均得分38.64分),徐州的"双碳行动"得分较低(22分)。

生态支撑协同能力与经济发展、科技创新、交流服务三个领域的协同联动呈现出弱正相关关系,打破了长期以来生态支撑能力与其他三者的负相关关系的局面,反映了全流域整体上更加自觉、更加创造性地践行"共抓大保护,不搞大开发"取得阶段性成果。具体来讲,经济发展与生态支撑能力之间相关系数为0.0989,反映了经济发展与环境保护的关系由对立到相辅相成的转变。科技创新与生态支撑能力之间的相关系数为0.1444,虽仍是弱正相关关系,但是高出经济协同与生态支撑之间的相关系数,是以科技为支撑建设生态文明稍显成效的体现。要常保绿水青山,就需依靠绿色科技创新进行产业结构绿色重组。交流服务与生态支撑之间的相关系数为 0.145 8,反映了交流服务能力的改善在生态环境领域得到更多有效的投入与转化应用,同时生态支撑协同发展能力的提升对交流服务水平的改善提供明显的优势。未来需要继续秉承长江经济带绿色发展战略以及"两山"价值转化,加强经济发展、科技创新、交流服务等领域与生态支撑领域的协同关系,实现长江经济带更高质量的绿色发展。

长江经济带生态支撑协同发展仍面临挑战

长江经济带生态环境保护的号角已经吹响,"双碳行动"正在进行中,虽然在"双碳行动"目标指引下,长江经济带的生态支撑协同发展能力有一定的提升,但我们也必须清醒地认识到,长江经济带生态环境保护和经济发展的矛盾依然突出,绿色转型仍任重而道远。长江经济带生态支撑协同发展仍面临着挑战。

一是生态短板仍然突出。110 座城市中,生态支撑领域位居第一的舟山得分也仅为 19.17 分,而经济发展、科技创新、交流服务等领域排位第一的城市得分都在 90 分左右。从四个领域排名前 10 位城市得分均值来看,经济发展领域为 49.76 分,科技创新领域为 36.92 分,交流服务领域为 61.63 分,而生态支撑领域仅为 17.39 分。龙头城市上海在经济发展、科技创新、交流服务三大领域已接近或达到世界先进水平,但生态支撑领域得分仅为 13.60 分。这表明长江经济带内城市生态支撑短板问题仍然突出,生态环境综合治理与保护仍是长江经济带协同发展的首要任务。

二是系统耦合中的摩擦阻滞效应明显。生态优先、绿色发展的协同动能仍未形成。长江经济带各城市在经济发展、科技创新和交流服务三个领域的协同发展能力已经呈现出高度正相关关系。其中,交流服务与经济发展两个领域的相关系数已达 0.895 7;科技创新与经济发展两个领域之间的相关性也高达 0.891 0;科技创新与交流服务两个领域之间的相关性达到 0.865 2;生态支撑与其他三个领域之间虽呈现正相关关系,但相关性仅有 0.14 左右。这表明生态支撑领域与经济发展、科技创新、交流服务等领域之间的协同动能还未真正形成,生态产品价值实现瓶颈问题仍未有效破解,推动经济绿色低碳发展仍然任重道远。

五措并举持续开展长江经济带保护修复攻坚战

长江经济带城市生态支撑协同发展能力指数表明,长江经济带生态环境保护发生了转折性变化,但生态短板问题、系统耦合中的摩擦阻滞效应等问题仍然突出。聚焦新时期将长江经济带建设成为中国生态优先绿色发展主战场、畅通国内国际双循环主动脉的战略目标,对标世界一流,打好长江经济带生态保护修复攻坚战,需要着力开展以下五大举措。

第一，污染治理提质扩面。推动沿江城镇污水垃圾处理、化工污染治理、农业面源污染治理、船舶污染治理和尾矿库污染治理"4＋1"工程提质扩面，狠抓突出生态环境问题整改，建立健全长江流域水生态环境考核评价制度，补齐污染治理短板弱项，进一步夯实沿江省市污染治理基础。以推进长江经济带矿产金属加工和石油化工等资本密集型产业有序转移为重要抓手，持续开展工业园区污染治理、"三磷"行业整治等专项行动，进一步提升流域生态环境质量。

第二，重点生态区保护修复。立足6个国家重点生态功能区以及洞庭湖和鄱阳湖等重要湿地，加快实施横断山区水源涵养与生物多样性保护、长江上游岩溶地区石漠化综合治理、大巴山生物多样性保护与生态修复、三峡库区生态综合治理、洞庭湖、鄱阳湖等河湖、湿地保护与修复、大别山水土保持与生态修复、武陵山区生物多样性保护、长江重点生态区矿山生态修复等重大工程。协同配合、严格执行长江十年禁渔行动，把实施重大生态修复工程作为推动长江经济带发展的优先选项，进一步增强区域水源涵养、水土保持等生态功能，逐步提升河湖、湿地生态系统稳定性和生态服务功能，加快打造长江绿色生态廊道。

第三，绿色转型双碳行动。一是着力调整产业经济结构，破除高碳发展路径依赖，重点关注长江中上游城市中高耗能、低附加值行业和产能的达峰与减碳路径。二是协调好能源低碳转型与能源安全的关系，着力优化能源结构，构建现代能源体系，增强长江经济带经济社会发展能源保障能力。三是因地制宜做好地方减排的规划部署，形成匹配发展定位、区域协同互补的减碳空间格局。四是大力推进"双碳行动"试点、示范，鼓励和支持"碳中和先行区"和"零碳"城市试点建设。

第四,社会资本引入。一是鼓励和支持社会资本参与长江经济带生态保护修复。科学设立生态保护修复项目,鼓励和支持个人、企业、产业联盟、公益组织等以自主投资、与政府合作、公益参与等模式参与,重点鼓励和支持社会资本参与以政府支出责任为主的生态保护修复,公开竞争引入生态保护修复主体,探索建立"生态保护修复+产业导入"、碳汇增量核证与交易、资源综合利用收益等收益机制,畅通社会资本参与和获益渠道,规范开展生态保护修复产品市场化交易,激发社会资本参与生态保护修复的投资潜力和创新动力。二是强化流域生态环境治理的系统性观念,推动长江全流域按单元精细化分区管控,严格落实以《"十四五"长江经济带发展实施方案》为统领的湿地保护、塑料污染治理、重要支流系统保护修复、重要湖泊保护与治理、产业负面清单等专项规划和实施方案,形成干支流协同发力、全流域整体推进的流域生态环境协同治理格局。

第五,生态服务价值实现。一是建立和完善生态补偿机制、生态资源产权交易机制,加快制定生态产品价值核算技术办法、GEP核算标准,推动建设长江经济带生态资产和生态产品交易中心,保障生态服务价值实现。二是加快发展绿色金融,组建长江经济带绿色金融发展联盟,推进绿色金融改革创新试验区建设,推动国家绿色发展基金与长江经济带11省市地方政府有效合作,满足带内企业、地方政府在生态保护、节能环保、减碳、生态经济发展等方面的投融资需求。三是持续创新性探索"两山"转化的实践模式,推动以大生态实现大健康产业发展,鼓励和支持生态环境好的城市发展生态旅游、绿色、功能食品产业,增强地方产业经济基础和生态经济发展活力。

西欧低碳发展对长三角的启示

梁朝晖[*]

    西欧地区是全球经济最发达的区域之一,是最早大规模应用新能源、低碳转型力度最大的区域;长三角是中国经济最发达的区域之一,也正面临着经济社会全面低碳转型的调整和挑战。2022 年 1 月 24 日,中共中央政治局举行碳达峰、碳中和集体学习会,指明实现"双碳"目标需要提高系统观念和战略思维能力。将西欧与长三角这两个区域进行比较,有助于更加深入理解减碳和发展、长期和短期的关系,更好地统筹区域碳减排工作。

西欧地区与长三角区域具有一定的可比性

    本文所指的西欧地区,包括法国、荷兰、比利时、卢森堡、西班牙、葡萄牙、德国、奥地利、瑞士等九个国家,这个区域拥有悠久的历史文明、优越的自然气候条件、稳定的社会政治架构、高度发达的现代化科

---

   * 梁朝晖,上海社会科学院应用经济研究所副研究员。

技和文化,是全球生产力最发达的地区之一。长三角与西欧的区域经济社会具有一定的可比性。下面主要采用长三角三省一市 2020 年度统计数据、与西欧 2017 年度数据进行对比分析。西欧国家人口、经济变动比较缓慢,数据年份的差异对比较结果影响不大(表 1)。

表 1　西欧与长三角区域比较

	人口 (万人)	国土面积 (km²)	GDP (亿美元)	人均 GDP (万美元/人)	地均 GDP (万美元/km²)	用电量 (亿千瓦时)	年人均用电量 (千瓦时)
长三角	**23 537.35**	**35.18**	**35 479**	**15 074**	**1 009**	**15 206.85**	**6 461**
上海	2 487.09	0.63	5 611	22 560	8 906	1 575.96	6 337
江苏	8 477.26	10.24	14 892	17 567	1 454	6 373.71	7 519
浙江	6 468	10.35	9 368	14 483	905	4 829.68	7 467
安徽	6 105	13.96	5 608	9 186	402	2 427.5	3 976
西欧	**25 075**	**170.45**	**102 967**	**41 064**	**604.09**	**16 808**	**6 703**
法国	6 484	54.91	25 863	38 679	471.01	4 820	7 418
荷兰	1 702	4.15	8 306	48 483	2 001.45	1 154	6 774
比利时	1 142	3.05	4 949	43 507	1 622.62	848	7 420
卢森堡	59	0.25	623	104 499	2 492.00	65	11 141
西班牙	4 665	50.59	13 143	28 208	259.79	2 681	5 784
葡萄牙	1 029	9.22	2 193	21 291	237.85	496	4 802
德国	8 266	35.76	36 932	44 681	1 032.77	5 387	6 560
奥地利	882	8.39	4 168	47 381	496.78	723	8 277
瑞士	846	4.13	6 790	80 333	1 644.07	634	7 480

资料来源:西欧九国的人口数据来自联合国、GDP 数据来自世界银行、用电量数据来自美国能源信息署(IEA),均为 2017 年度数据;长三角区域的人口、GDP、用电量数据分别来自《江苏省统计年鉴(2021)》《浙江省统计年鉴(2021)》《安徽省统计年鉴(2021)》《2020 年上海市国民经济和社会发展统计公报》;汇率按照国家统计局公布的 2020 年全年人民币平均汇率 1 美元兑 6.897 4 元人民币计算;人均 GDP、地均 GDP、年人均用电量的数据为作者测算。

　　西欧九国国土面积总计 170.45 万平方公里,约为长三角面积的 5倍;经济规模也比长三角大不少,GDP 总计 10.3 万亿美元,是长三角

(3.5 万亿美元)的 3 倍。

尽管总量上差距较大,但是长三角与西欧地区具有很多相似性。比如,从区域内部看,发展水平参差不齐,瑞士、卢森堡收入较高,西班牙、葡萄牙相对较低,而其他五个国家接近;长三角三省一市之间、同一省份的不同地市之间也是如此,发展上存在一定梯度。

从人口总数看,西欧与长三角大致相当。九国人口总计 2.5 亿人,长三角 2.35 亿人,考虑到浙江、江苏、上海每年都吸纳大量的新增流动人口,扣除安徽的人口流出因素以后长三角仍然是人口净流入的状态,未来长三角的人口规模与西欧将会更加接近。

从反映经济质量的单位产出指标看,两地各有所长。人均产出差距有所缩小,地均产出上长三角还有所超出。西欧区域人均 GDP 41 064 美元,是长三角的 2.7 倍;而长三角地均 GDP 为 1 009 万美元/平方公里,比西欧高出三分之二。

从 GDP 规模看,长三角目前虽与西欧尚有一定差距,但长三角经济一直保持中高速增长,这个差距将会不断缩小。

从电力消费总体规模看,西欧、长三角年用电量总计分别为 16 808 亿千瓦时、15 206.85 亿千瓦时,总体规模相差 10% 左右;2011—2020 年,长三角年用电量年均增长 4.3%,按此速度再过三年左右的时间,长三角年用电量将与西欧相当甚至超过西欧。从人均水平看,西欧、长三角年人均用电量分别为 6 703 千瓦时、6 461 千瓦时,仅相差 3.7%。现代社会中,工业化、信息化、城市化都离不开电力供给和消费,用电量是体现区域经济社会发展水平的一个综合性指标。西欧和长三角区域无论从电力总量还是人均用量上看,二者都规模相当,具有较强参照性。

值得一提的是，如果仅仅将德国和长三角区域放在一起，两者之间有些数据非常接近。如国土面积分别是 35.76 万、35.18 万平方公里；GDP 分别是 36 972 亿、35 479 亿美元；地均 GDP 分别是 1 032 亿、1 009 万美元/平方公里；年人均用电量两者分别为 6 560、6 461 千瓦时。这些数据值得更加深入的分析。

长三角的电力发展历程折射出区域经济的演变

进入 21 世纪以来，长三角经济始终保持高速发展。区域 GDP 总量从 2000 年的 2.2 万亿元到 2020 年 24.5 万亿元，增长了 10 倍。与此相对应的是，电力消费也保持快速发展，区域用电量增长了 4.8 倍。

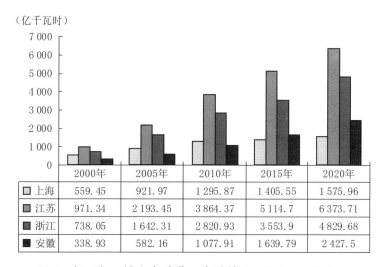

（亿千瓦时）

	2000年	2005年	2010年	2015年	2020年
上海	559.45	921.97	1 295.87	1 405.55	1 575.96
江苏	971.34	2 193.45	3 864.37	5 114.7	6 373.71
浙江	738.05	1 642.31	2 820.93	3 553.9	4 829.68
安徽	338.93	582.16	1 077.91	1 639.79	2 427.5

图 1 长三角区域电力消费量变动情况(2000—2020 年)

资料来源：《江苏省统计年鉴(2021)》《浙江省统计年鉴(2021)》《安徽省统计年鉴(2021)》《上海市统计年鉴(2020)》《2020 年上海市国民经济和社会发展统计公报》。

表2 长三角区域 GDP 与电力消费变动比较(2001—2020 年)

	上海	江苏	浙江	安徽
2001—2010 年				
2010 年/2000 年(GDP)	377%	483%	459%	407%
2010 年/2000 年(年用电量)	232%	398%	382%	318%
2011—2020 年				
2020 年/2010 年(GDP)	225%	248%	233%	313%
2020 年/2010 年(年用电量)	122%	165%	171%	225%

资料来源:作者测算。

从纵向(时间维度)看,21 世纪的第一个、第二个十年明显不同。2000 年中国加入 WTO 后,开放的国际市场为长三角经济带来了巨大的发展机遇,加之房地产、汽车市场开始启动,消费升级,长三角区域的工业化、城镇化得到高速发展,特别是制造业体系奠定了坚实基础。2001—2010 年,长三角区域 GDP 总量增长了约 3.5 倍,用电量增长了约 2.5 倍。但是,经济高速增长的同时,特别是重化工业的大规模扩张造成能耗大幅上升,原有的增长模式不可持续。从 2007 年、2008 年起,中国开始提出并实施节能减排战略,逐渐增强环境资源的硬约束。于是,第二个十年长三角区域 GDP 总量增长了约 1.5 倍,用电量仅增长约三分之二。

从横向(区域内部)看,用电量与 GDP 变动的对比反映了不同省市发展阶段的差异。三省一市的 GDP 和用电量变化大致如下(表2):第一个十年,江苏、浙江两省 GDP 和用电量的增速最快;安徽省次之;上海 GDP 增速虽不及三省,但用电量增幅明显较小。第二个十年,安徽省 GDP 和用电量增速最高;江苏、浙江两省次之;上海 GDP 增速较江浙两省略低,但用电量仍较好地控制在低速增长水平。上述对比表明,三省一市处于不同发展阶段,江苏、浙江总体上处于工业化后期,原材料工业在经济中所占比重较大;安徽处于工业化中期到后期,经济体系对电力等能源资源依赖度较高;上海处于后工业化阶段,服务业发展水平更高,高电耗工业比重较低。另一方面,也是由于各地的资源禀赋条件不同,江浙皖三省分别有风电、核电、煤电等能源基地,而上海有便利的油、气进口,因而上海的电气化水平(电力消费占全部能源消费的比重)与其他地区相比较低。

随着国家"双碳"战略的实施,减排和发展的压力更加凸显,2021年9月的电荒就是一例。正如习近平总书记强调的,减排不是减生产力,也不是不排放,而是要走生态优先、绿色低碳发展道路,在经济发展中促进绿色转型、在绿色转型中实现更大发展。

西欧地区 2017 年的用电量为 1.68 亿千瓦时,占欧洲用电量的35%;年人均用电量 6 703 千瓦时,是世界平均水平的 2.1 倍左右。在碳中和的路上,西欧既是"用能大户",也是"减排先锋"。作为全球最早大规模推进碳减排的区域,西欧较好地平衡了减排和发展,对当前长三角区域正面临的低碳转型进程具有启发性。

西欧的能源安全、清洁、高效政策

西欧高度重视和大力推进清洁能源发展,清洁能源装机占比较高。2017 年,西欧总装机容量约 5.61 亿千瓦,其中清洁能源装机容量

3.65 亿千瓦,占总装机容量的 65.1%。其中,风电装机容量 1.07 亿千瓦,占比 19.1%;水电装机 0.91 亿千瓦,占比 16.2%;核电装机容量 0.90 亿千瓦,占比 15.9%;太阳能装机容量 0.66 亿千瓦,占比 11.7%(表 3)。长三角受制于本地可再生能源资源禀赋条件,清洁能源发展起步较晚,近十年来也在大力推进风电、光伏、核电等清洁能源发展,但装机比重尚较低。

表 3　西欧电力装机情况(2017 年)(单位:万千瓦)

国家/地区	总装机	火电	水电	风电	太阳能	核电	生物质发电
法　国	13 073	1 895	2 379	1 354	765	6 313	108
荷　兰	3 198	2 306	4	463	258	49	49
比利时	2 158	685	143	281	338	592	81
卢森堡	174	14	132	12	13	0	1
西班牙	10 452	4 553	2 033	2 301	698	712	74
葡萄牙	1 980	639	719	509	49	0	62
德　国	20 823	8 017	1 062	5 507	4 202	951	725
奥地利	2 503	561	1 412	273	103	0	57
瑞　士	1 762	0	1 216	6	139	333	25
西欧九国	56 123	18 670	9 100	10 706	6 565	8 950	1 182

资料来源:数据来自美国能源信息署(IEA),均为 2017 年度数据。

欧洲电网的整体发展水平较高,跨国互联紧密,其用市场机制推动新能源应用值得中国借鉴。欧洲 36 个国家的 43 家运营商组成了欧洲输电运营商联盟,形成全球最大的跨国互联电网。欧洲自 2000 年以来大力推动建立统一电力市场,建立目前全球最大的区域跨国电力市场,23 个国家实现日前市场联合交易,14 个国家实现日内市场联合交易,年跨国交易电量超过 5 000 亿千瓦时。市场机制有利于促进清洁能源大规模开发及大范围配置,并进一步带动欧洲可再生资源项目投资。2022年1月29日,国家发展改革委、国家能源局发布《关于加快建设全国统一电力市场体系的指导意见》,将有助于增强国家电力市场与省(区、市)级/区域市场的协同性,完善中国电力市场价格,特别是新能源、储能等市场交易和价格形成机制,提升中国电力系统的新能源消纳能力。

西欧九国的低碳发展目标高,实现减排一是通过大力发展清洁能源,二是提高电气化率,实现电能对化石能源的替代,而电能又来自可再生能源。根据《欧洲能源互联网研究与展望》,九国计划清洁能源占一次能源比重从2016年的39%提高到2035年的60%、2050年的84%;电能占终端能源比重从2016年的25%提高到2035年的45%、2050年的67%。长三角目前电气化水平也在25%左右,欧洲推进电能在消费侧的广泛替代的政策很有借鉴意义,值得我们关注。

第六章

数字跃升

"机器代人"驱动下城市空间如何变变变[*]

黄经南　杨石琳[**]

进入 21 世纪以来,以互联网、人工智能等技术为代表的新一轮技术革命正在席卷全球。在这种背景下,"机器代人",即通过自动化、智能化机器的应用,逐步取代人工,正成为一种新的发展趋势。

产业是城市存在和发展的根基,而城市空间则是城市产业发展的载体。历史上,每一次技术的变革及所导致的产业变革都对城市社会经济、城市空间产生了重大影响。如工业革命以后,城市的规模大大扩张,从根本上改变了原来历史城市的空间格局,也产生了卫星城镇等新的城市类型;20 世纪 30 年代以后,小汽车的普及使得人们的出行更加便利,促进了郊区的大发展,并导致后来的城市蔓延和边缘城市的出现;而 20 世纪八九十年代以后,信息技术的发展拉近了时空距离,使城市日趋分散化,同时也使得区域往多中心和网络化趋势演变。可见,技术进步对城市空间的影响是巨大的。

目前,有关"机器代人"对城市空间的影响研究较少,大多为一些

---

　　* 本文改写自作者发表于《城市发展研究》(2021 年第 3 期)的论文《机器代人驱动下城市空间演变及规划对策——一些初步的设想》。

　　** 黄经南,武汉大学城市设计学院副教授;杨石琳,武汉大学城市设计学院硕士研究生。

预测性研究。有学者认为智能化改变了选择各种活动(如住宅区、工作场所、工业和制造业服务)位置的标准。智能化的生产组织方式也改变了各种活动的模式与路线,如职住关系的重组与交通网络的重构,间接对空间演变产生多元化的影响。还有学者提出智能化会促进城市空间结构从集中走向分形化的看法:那种工业化时代的地理集中性正在弱化,但并非演变成无序的碎片式,而是向新的分形(具有自相似和递归特征)有序性构建。2017 年麦肯锡的报告认为智能化不仅会引致中心城市的分散化,而且会引致大都市地区的集中化,从而形成多中心的大都市区域。而同时存在的集中和分散力量则会引致一种与过去的城市形态截然不同的崭新的空间形态,即形成"后工业形式的城市群"。

"机器代人"对城市空间的影响

综合现有研究,在"技术—产业—产业空间—城市空间"的框架下,本文总结归纳出"机器代人"将产生的一系列影响(图 1)。

"机器代人"对产业的影响主要体现在生产活动和劳动力两个方面。首先,"机器代人"改变了产业的生产特征,部分生产环节被机器人替代,从而提高了生产效率和经济收益。同时不同产业受影响的程度不尽相同,某些行业/企业可能就此淘汰,如自动化驾驶不仅让司机失业,也可能会使大部分传统汽车公司面临倒闭。此外,也可能会产生某些新兴产业/行业,如机器人培训及维修,从而影响城市中的产业

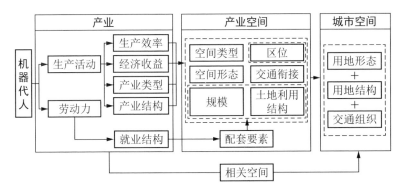

图 1 "技术—产业—产业空间—城市空间"影响机制

资料来源:作者自绘。

类型和产业结构。其次,由于机器人取代的大多是简单、重复性的工作,以往从事这些工作的多为低技能劳动力。同时随着"机器代人"的应用,城市对高端劳动力的需求则会增加。因此,城市就业结构也发生变化,并将进一步影响城市人口的构成。

产业发生的以上变化,会引起产业空间的变化,包括空间类型、区位、空间形态、规模、交通衔接、土地利用等各个方面。具体而言,首先,新的产业类型会产生新的产业空间需求,如机器人培训及维修空间、无人超市、无人工厂等,部分产业的淘汰也会使该类型产业空间遭淘汰,从而影响城市产业空间类型。同时,产业经济效益的提升使企业有更高的能力来选择更优区位,使产业区位选择受到影响。其次,产业生产组织方式变化后,为了满足自动化生产需求,产业空间内部功能结构、交通组织均可能发生变化,且由于单个产业空间区位的变化,也会引起产业空间整体布局形态、分布的集聚程度等的变化,概括而言,即产业空间内部及整体空间形态发生变化。再者,人工劳动力减少后，相应配套设施也会减少，影响产业空间规模的大小。此外，产业空间分布发生变化后，产业用地之间及产业用地与其他城市用地之间的相互关系，以及交通衔接势必也会发生变化。产业空间与周边空间相互关系的变化，也会使产业空间周边土地利用结构，如用地类型、用地比例等受到影响。

进一步地，产业空间的变化，尤其是产业空间在城市中的区位，以及与其他空间的相互关系发生变化，会影响城市空间，主要体现在用地形态、用地结构和交通组织等方面。一方面，产业空间是城市中的第二大功能用地，其区位的变化不仅会对自身空间形态造成影响，也会对居住空间、公共服务设施配置等产生影响，进而影响整个城市空间布局、空间集聚程度等。另一方面，由于产业空间规模的变化以及相关配套空间的产生，会引起城市中各类用地比例的变化，由于各种经济活动的变化，其在空间上的投影，即城市空间结构也会发生变化。最后，产业空间之间，以及与其他空间相对位置的变化，使得交通组织方式及交通网络形式发生变化。

以上是从传统生产方式的角度来考虑产业变化及产业—城市空间的变化，但是最关键的是，"机器代人"后，传统的生产方式会变化。例如，时间维度上的变化。传统的生产大多是朝九晚五，工作时间和通勤方式都与此对应。但是"机器代人"后，传统的朝九晚五的模式也可能会改变，因为机器人的工作时间可能是全天 24 小时。因此"机器代人"后，工作时间和通勤方式是否也相应变化，产业空间区位、空间形态、交通组织方式是否也相应变化，更值得探讨。

"机器代人" 驱动下城市空间的演变模式

根据"机器代人"驱动下城市空间的影响机制分析,产业空间区位的变化是影响城市空间演变的主要因素。而产业区位选择具有自发性,影响企业选址行为的因素众多。考虑因素不同,区位选择就不同,因而具有不确定性。因此,本文依据不同理论支撑和情景分析,提出"机器代人"影响下可能出现的两种城市空间演变模式。

其一,交通导向型。根据古典区位论,产业区位选择主要受土地价格和交通因素影响。如按照竞租理论,中心商业区能够负担的土地租金高,所以以同心圆的形式分布在城市的最中心。一些制造业能负担的土地租金低,所以分布在城市的外围地区,城市郊区的工业区就是该种区位选择的体现。而"机器代人"的应用提高了产业经济收益,产业有更高的能力来支付土地租金,受土地价格的制约程度则会减小。此时,交通的便利程度便会成为产业区位选择的主导因素。在这种情况下,服务业由于"机器代人"应用水平较低,且其区位选择与服务对象密切相关,因而仍旧分布在城市中心和各个居住片区;应用了"机器代人"的制造业则会向交通优势明显的区域集聚,甚至会沿着城市快速路或高速公路线性分布,且由于人工劳动力的减少,相应的居住空间规模减小,有的全自动化产业区甚至无需配置居住空间;在"机器代人"水平较高的区域,则会产生相应的机器人维修区,服务于自动化生产;一些未应用"机器代人",且规模较小的制造业,在行业竞争与

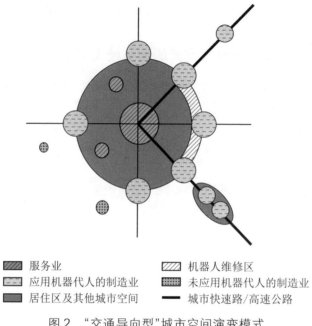

服务业	机器人维修区
应用机器代人的制造业	未应用机器代人的制造业
居住区及其他城市空间	━━ 城市快速路/高速公路

图 2 "交通导向型"城市空间演变模式

资料来源:作者绘制。

土地租金的双重压力下,则会被排挤到城市外围区(图 2)。

其二,科技导向型。根据新经济地理理论,经济中存在规模收益递增效应,会使产业在一定程度上产生集聚。特别是对于技术密集型产业而言,企业的选址很大程度上受高技术企业间相互形成的网络集群的影响。高新技术产业园的存在便是该种区位选择的体现,而且为了更方便地获得相关技术领域的最新信息及研发成果,其选址往往靠近研究机构、科研院所等研发中心。"机器代人"的应用将使技术成为产业的核心竞争力,众多以往依赖人工劳动力的产业将更多地依赖技术,即从劳动密集型向技术密集型转型。在这种情况下,研发产业将成为越来越多产业的依赖对象,应用了"机器代人"的产业与研发产业间将产生类似高新技术区的创新网络关系。由此,研发中心会成为产业的集聚中心,在城市中呈现多核心模式,并以此为核心形成居住组团;大部分应用"机器代人"的产业向研发中心集聚,少部分分散在其他区域;在"机器代人"应用水平较高的产业周围,仍会产生相应的机器人维修区;服务业依旧分布在各个居住组团之中;而一些未应用"机器代人",且规模较小的制造业,与第一种模式一样,由于行业竞争与土地租金的双重压力,则会被排挤到城市外围区(图3)。

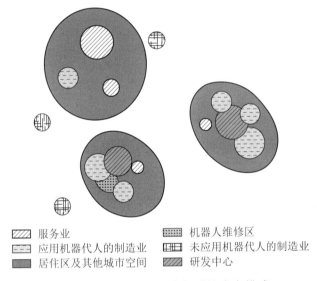

▨ 服务业	▦ 机器人维修区
▨ 应用机器代人的制造业	▦ 未应用机器代人的制造业
▨ 居住区及其他城市空间	▨ 研发中心

图3　"科技导向型"城市科技演变模式

资料来源:作者绘制。

城市规划如何应对

在"机器代人"驱动下的城市空间演变中,城市规划的合理引导至关重要。未来城市规划可从以下几个方面加以考虑，分别采取一些对策，以促进城市空间的合理优化及健康发展。

一是空间结构方面。城市空间结构是城市各个功能在空间上的投影。城市空间结构通过一套组织规则，来连接城市形态和各个子系统内部的行为并相互作用，对于城市健康发展具有重要意义。如今的城市空间倡导遵循"以人为本"的原则，从人的角度出发，构建适应人类生产、生活的城市空间结构，例如对职住平衡、宜居型城市的关注。而在"机器代人"的驱动下，过去的人类生产会日益变为人机生产或机器人生产。如前所述，"机器代人"会影响城市人口的构成，高素质人口日益增多，对城市空间的需求也会发生变化。何种空间结构或功能组织更有利于"机器代人"这种生产方式，应成为城市规划重点考虑的问题。

因此，应通过规划引导，建立一种"人机友好型"的空间秩序：首先是加强对城市空间品质的提升，继续推进旧城改造等城市更新工作，通过城市功能完善、建筑密度控制、生态环境保护、公共空间营造、多项服务设施配套、智慧城市建设等塑造高品质城市空间。其次是对于产城关系的分类研究，包括以人类生产为主、机器人生产为主、人机生产的产业空间与城市的关系。对于有人类生产的产业空间，仍需注重对职住平衡的把控，协调该类产业空间与居住空间等生活空间的关系。而对于以机器人生产为主的产业空间，则需重点考虑与机器人相关的一系列配套空间之间的关系。引导城市产业空间形成分散式集聚布局，对缓解交通拥堵、环境污染等城市问题具有积极作用。

二是土地利用方面。"机器代人"背景下，机器人生产需要一系列的配套设施,如机器人培训、维修保养、回收等,相应地也对空间产生新的需求。然而对于这些空间的特性、与产业空间的最佳空间关系等尚不清晰,在进行规划时极具不确定性。在这种情况下,城市规划可适当进行留白式规划,即只确定用地的基本建设要求,但对于土地利用性质、土地混合使用等方面设有一定弹性,以增加规划的灵活性。

在上述两种城市空间演变模式中,未应用"机器代人"的制造业久而久之会被排挤到城市外围,造成产城分离、难以管理等问题。为防止该类问题的发生,城市可通过调控地价或在特定区域(如城市边缘地带)规划产业区(边缘产业区)等方式,使该类产业在城市范围内集中式分布,以提高土地利用效率,减少通勤距离。除此之外,由于交通因素,应用"机器代人"的产业也有沿城市快速路或高速公路向外蔓延的趋势。应对这一趋势,应逐步完善土地制度,并在国土空间规划的契机下,通过严格划定城市增长边界等方式,提前控制该类城市蔓延,促进土地集约利用。

三是交通方面。城市交通与土地利用布局是相互影响的。一方面,城市交通构成城市骨架,影响土地利用布局;另一方面,城市土地利用布局引导交通出行的产生,直接决定了交通量的空间分布。因此,在"机器代人"驱动下,城市交通应与土地利用相互调整,综合考虑"机器代人"背景下的用地特性、交通需求分布,进行城市交通结构与路网优化。

就"机器代人"本身而言,机器代替人驾驶汽车也是其中的典型代表。城市交通应根据无人驾驶发展阶段,分别采取规划对策,及时做出应对。如初期阶段无人驾驶汽车较少,司机在驾驶汽车时也可能对该类汽车存畏惧心理，从而影响交通。在此阶段，城市可计划性开辟无人驾驶专用车道，完善道路交通体系。发展到成熟阶段，无人驾驶技术应用日益增长，城市逐渐以无人驾驶为主。此时，得益于无人驾驶的精确控制，道路通行效率极大提高，在满足同样出行需求的前提下，城市道路面积可大大减小。

城市产业新宠元宇宙的 AB 面

朱玫洁[*]

元宇宙很热,连诈骗团队都会了。

2022 年 2 月 18 日,银保监会发布《关于防范以"元宇宙"名义进行非法集资的风险提示》,警示以"元宇宙投资项目"为名目涉嫌非法集资、诈骗的违法犯罪活动。

元宇宙概念的铺开,就像十年前的"互联网＋"、五年前的"AI＋",迅速从前沿概念转变为流行语,在资本市场中掀起波浪。元宇宙的矛盾,又像比特币、NFT、区块链一样,面临两极分化的评价。比如扎克伯格对元宇宙压上全部筹码,但在比特币上"反复横跳"的马斯克则公开质疑元宇宙。

在国内,经过 2021 年一年的发酵,被不断讨论的元宇宙开始被各大城市频频点名,迅速获得城市官方的接纳。2021 年底以来,元宇宙现身于多地政府工作报告、产业规划,跻身于重点发展、重点培育的产业中。很快,各地还在拼速度,争取拿下更多的元宇宙第一——诸如第一个元宇宙产业园、第一个元宇宙生态大会等。

---

* 朱玫洁,澎湃研究所研究员。

元宇宙比人们想象的速度更快地渗透业界、学界,乃至地方城市。疑惑也伴随热度而来。当城市布局元宇宙产业时,究竟在布局什么?宣布入局元宇宙的企业,又在做什么?

热潮席卷产学政三界

对于许多看官而言,元宇宙仍是一个缥缈宏大的词汇。

不过,各路巨头纷纷入局,这些全球、全国闻名企业在揽收元宇宙热度的同时,多少也为元宇宙的可信度提供了背书。一家又一家的企业宣布入局,股市随之起伏。我们尚未走进元宇宙,但元宇宙已经走进了现实。

2021 年 3 月,被称为元宇宙第一股的罗布乐思(Roblox)在纽约证券交易所上市。5 月,微软表示正努力打造“企业元宇宙”。10 月,美国社交媒体巨头 Facebook 宣布更名为“元”(Meta)。

热潮同步席卷国内。2021 年初,社交软件 soul 宣布打造社交元宇宙。8 月,海尔发布首个智造元宇宙平台,字节跳动斥巨资收购 VR 创业公司 Pico。12 月,百度发布首个国产元宇宙产品“希壤”。

一批业界大拿、投资人士发声,认为元宇宙和 web3.0 紧密相关,是下一个时代风口。两三年前,那些讨论各大城市错过互联网风口的声音尚未走远。及时抓住战略性新兴产业就像城市经济头上的紧箍咒,如果元宇宙真的是未来重大趋势,头部城市必不可错过。

可以观察到,2021 年底至 2022 年开年,各地城市开始对元宇宙有所表态,继而争相推进。

2022 年各地"两会"期间,上海市徐汇区、深圳福田区、安徽合肥、湖北武汉、四川成都将元宇宙写入政府工作报告。同时,元宇宙还出现在上海、浙江、江苏无锡等地的产业规划中。例如,2021 年末,《上海市电子信息产业发展"十四五"规划》提出,"要加强元宇宙底层核心技术基能的前瞻研发,推进深感交互的新型终端研制和系统化的虚拟内容建设,探索行业应用"。2021 年 12 月,上海市委经济工作会议指出,引导企业加紧研究未来虚拟世界与现实社会相交互的重要平台,适时布局切入。这被外界视为对元宇宙积极审慎的表态。2022 年一开年,上海一些行政区就和相关企业开展座谈。例如,徐汇区举行元宇宙产业龙头企业闭门研讨会,参会人员包括浦江实验室、树图区块链研究院、中国信通院华东分院、华为、腾讯、阿里、商汤、网易、米哈游、莉莉丝等机构与企业。宝山区举行了元宇宙的专家研讨会暨产业链对接会,区相关部门单位及 40 多位企业代表参加会议。虹口区成立了元宇宙产业党建联盟,包括九家单位。

不仅上海,南京、无锡、杭州等一批长三角城市同步出手。杭州有元宇宙专委会;南京江北新区有元宇宙生态创新联盟;无锡也有元宇宙创新联盟,并挂牌无锡市元宇宙产业园。

值得注意的是,一些学者也在向元宇宙靠拢。近日,首个全国性的元宇宙社团机构——中民协元宇宙工委宣布了会员名单,囊括了 12 位院士(多为外国国家工程院的外籍院士)、72 位智库专家(含大厂专家)。相关报道称,工委揭牌会议上,由北京交通大学教授皇甫晓涛发布全球第一个元宇宙学理论框架。另外,清华大学的《元宇宙发展研究报告》也已发布至 2.0 版本。

至此,产、学、政都参与到元宇宙的浪潮中。

A 面,与城市数字化转型共振

当各地在建立元宇宙产业联盟时,我们不禁要问一句,什么是元宇宙产业?

回到元宇宙的概念,从 20 世纪开始,人们已经对与现实世界平行的数字虚拟世界有所想象。这个虚拟世界既与真实世界有所联系,但又不完全相同,甚至人们可以使用数字身份开始第二人生。科技界从业者、科幻小说拥戴者给它起了很多名字,比如全息网络、全真宇宙等等。

如今元宇宙从极客的世界走进主流,代表了人们对于这类虚拟世界想象的合集。要实现它,则涉及与建立虚拟世界相关的所有行业,包括网络、硬件、软件、内容及应用各环节。有关技术如云计算、XR 扩展现实、人工智能、三维引擎、区块链、物联网、流媒体技术等等。如果要实现感知,还要涉及生命科学。正如中国信通院华东分院总工程师廖运发所说,如果将过去几十年的信息技术变革比作点状突破,那么,元宇宙所描述的是各类前沿信息技术的融合式创新。

实际上,上述前沿技术在近年均被视为高新技术产业、战略性新兴产业,原本就是城市重点发展的赛道。针对人工智能、云计算等产业,上海、深圳、杭州等都发布过不少扶持政策,甚至已形成产业集群。因此,看起来缥缈的元宇宙,如果将其拆分,仍是熟悉的面孔。其涉及的诸多技术，也一直在探索路上。全息技术曾经让邓丽君再次出现在卫视晚会上，一些购物 App 已上线虚拟试穿功能，Google 眼镜也曾昙花一现。

在城市层面，近几年的热点——数字孪生城市，其理念也与元宇宙有相通之处。它代表城市数字化的理想境界——在数字世界中建造一个孪生的虚拟城市。这直接称为"城市元宇宙"也未尝不可。

值得注意的是，在近两年的长三角，城市数字化转型的战略地位很高，推进力度也很大。2020 年底，上海公布的《关于全面推进上海城市数字化转型的意见》就指出，"全面推进数字化转型是面向未来塑造城市核心竞争力的关键之举"。对应地，浙江上下也在推动数字化改革，江苏则在推进数字化转型。

各地都渴望在数字时代率先建立起一套行之有效的规则。包括数字化政府、数字化治理、数字化产业等，试图将数据这一新的生产要素赋能至城市的各领域。在这样的背景下，上海等城市对元宇宙概念接纳迅速，并不难理解。元宇宙也被融进数字经济、数字化转型的"大盘子"中，正如上海市经信委在谋划 2022 年产业和信息化工作会议上所表述的那样：紧扣城市数字化转型，布局元宇宙新赛道，开发应用场景，培育重点企业。

B 面，万物皆可元宇宙

从未来看，元宇宙如同灯塔，可以代表多种信息技术融合发展一种方向。这是元宇宙的 A 面。翻转到 B 面，热潮之下，这个抽象的美梦更成为收割流量的利器。

2021 年以来，借势元宇宙的动作可谓千姿百态。2021 年底，百度发布国内第一款元宇宙产品——"希壤"，备受期待。但发布后，用户发现在其中只能捏脸、行走、参加会议，并且画面粗糙、卡顿，时常穿模。最后普遍评论不高，AppStore 分数下滑到 2 分左右。

"希壤"诞生的契机是疫情下百度 AI 开发者大会需要线上开展，而适逢元宇宙概念风靡，百度索性推出元宇宙产品。最终，"希壤"的主要功能仍是开会。百度副总裁马杰表示，"'希壤'目前是一个负 6.0 版的元宇宙产品"。

在"希壤"被网友吐槽时，2022 年 2 月，浙江衢州发布了数字藏品（NFT）"衢州城市经典"。策划此次活动的衢州市城市品牌工作专班的相关负责人郑琪洁直言，本次活动目的在于让更多人了解衢州。"我们并不非常了解 NFT，但我们坚信这是城市宣传的一种新形式。"郑琪洁表示，策划之初就将目标定为拿下"首个城市数字藏品"的头衔。不到一个月，活动完成了从策划到问世。相关人员提到，衢州还将继续利用数字藏品乃至元宇宙概念，继续进行城市品牌宣传。甚至有可能将祭孔大典搬上"元宇宙"。

不能说百度、衢州之举纯是噱头，毕竟在"希壤"中召开的百度 AI 开发者大会被业界认为仍有诸多亮点，而衢州原本想要的就是宣传效果。但元宇宙概念被泛用、滥用的现象的确存在。"希壤"不是元宇宙，祭孔大典也不会被搬上真正的元宇宙（至少这在 2022 年 9 月前还诞生不了），而衢州大约是想将祭孔大典线上化或虚拟化。

　　仔细看，当下已经出现万物皆可元宇宙的趋势。从腾讯到王老吉，都在申请元宇宙的相关商标，比如前者的"QQ元宇宙"、后者的"刺柠吉元宇宙"。还有多家车企申请元宇宙商标被驳回。产品层面，海尔发布智造元宇宙平台，Soul提出社交元宇宙，德必推出元宇宙园区，上海还成立了元宇宙医学联盟（IAMM）。这些多少有着旧酒装新瓶的意味。比如海尔原本就在衣联网上深耕多年，还开发了AR操作培训；Soul做的是线上兴趣社交平台；德必发力数字化园区；元宇宙医学联盟的成立更是基于5G远程医疗的业界趋势。

　　真正的、有统一入口的元宇宙十分遥远，很难想象这是否能由某一家企业搭建成功。在短期内，更多的情况是"你有你的元宇宙，我有我的元宇宙"——彼此处在数字化的大潮中，深耕各自的行业，借机在线上线下的融合场景上做延伸。

　　海尔还做物联网，阿里巴巴研究全息家居店铺，腾讯开发大型VR游戏。至于衢州城市品牌专班，持续关注下一波营销亮点也是正经事。

　　说到底，新瓶的包装或许比旧瓶更吸引人，甚至引发了冲动消费和众人叫好。但无论对于卖酒的人还是为酒买单的人，最终重要的仍是酒。

　　有一个轮回是，VR虚拟现实在约十年前也曾引发投资热潮。在新的元宇宙概念下，从2021年初至2021年9月，中国新增超3 300家VR相关企业，平均每天新增超12家。而十年前的那批VR企业，大部分都倒下了。

长三角城市数字经济水平分布特点与趋势

滕堂伟　　王胜鹏*

数字经济作为当前世界经济发展的前沿领域,正在全球经济发展格局重塑中发挥着重要作用。在此背景下,促进数字经济发展已成为各个国家和地区促进自身经济结构转型与推动区域高质量发展的重要举措。

2017年,中国政府工作报告强调要"促进数字经济加快成长";而后,在党的十九大报告中更明确地出建设"数字中国";2021年,《中华人民共和国国民经济和社会发展第十四个五年规划和2035年远景目标规划纲要》则进一步描绘了中国数字经济发展蓝图,强调要"打造数字经济新优势","在数字经济等领域制定实施一批国家级重点专项规划"等。由此可见,数字经济已成为各界和国民经济发展实践所共同关注的焦点。2022年中国政府工作报告中三次提到数字化,三次提到互联网,两次提到数字经济,数字化、数字经济、工业互联网等概念多次被一起提及。

长三角地区是全国数字经济发展的先行区,打造"数字长三角"成

---

* 滕堂伟,华东师范大学长三角区域一体化研究基地教授,城市与区域科学学院副院长;王胜鹏,华东师范大学城市与区域科学学院博士生。

为长三角成员间的共同目标,也是区域更高质量一体化发展的实现路径。"数字经济""数字化转型""数字化改革"成为沪苏浙皖《政府工作报告》中的"同频"词,区域数字化同频共振成为新热潮。

根据 2021 年 6 月国家统计局发布的《数字经济及其核心产业统计分类》,可以将数字经济视为"以数据资源作为关键生产要素、以现代信息网络作为重要载体、以信息通信技术的有效使用作为效率提升和经济结构优化的重要推动力的一系列经济活动"。本文参考相关研究,基于《中国统计年鉴》、相关省市的统计年鉴等可得性权威数据,从数字经济设施基础、数字经济产业基础和数字经济活动表征等三个方面建立综合评价指标体系,深入分析长三角地区数字经济发展水平的空间分布特征及其影响因素。

长三角地区数字经济发展水平呈现出东高西低、南高北低、东南高而西北低的分布特征

笔者选取 2011 年、2015 年和 2019 年三个时间节点,通过分位数分类法将长三角地区数字经济发展水平分为四类并进行可视化(图 1)。分析结果显示,2011—2019 年,长三角地区数字经济发展水平的空间分布具有一定的稳健性特征,整体呈现出东高西低、南高北低、东南高而西北低的分布特征。发展水平整体上由沿海向内陆递减,省会城市在数字经济发展方面具有明显优势,上海、杭州、南京等一直稳居前列。

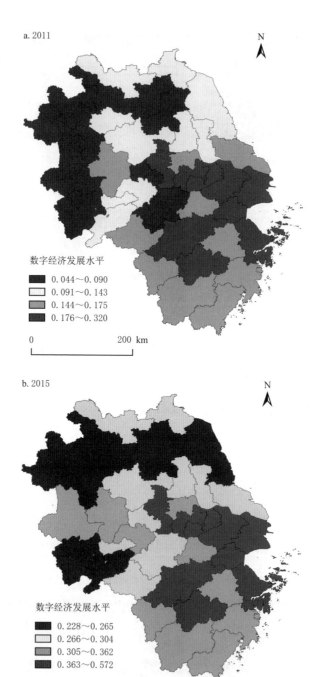

a. 2011

N

数字经济发展水平

■ 0.044~0.090
□ 0.091~0.143
▨ 0.144~0.175
■ 0.176~0.320

0   200 km

b. 2015

N

数字经济发展水平

■ 0.228~0.265
□ 0.266~0.304
▨ 0.305~0.362
■ 0.363~0.572

0   200 km

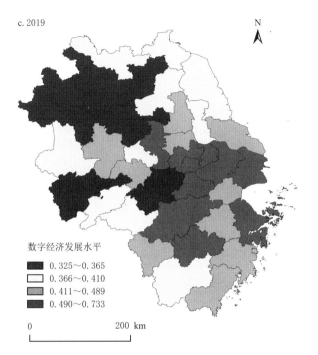

图 1 不同时间节点长三角地区数字经济发展水平空间分布特征

资料来源:作者绘制。

高水平区呈现出"Z"字型走向,主要分布于苏浙沪二省一市交界处,并以此为核心向周边延伸拓展。较高水平区则大多邻近于高值区分布,表现出一定的圈层结构特点。较低水平区在研究初期多集中分布于安徽省境内与江苏省北部,形成了大片的连绵区,而后呈现出一定的离散化趋向,除在苏北地区有明显集聚外,在安徽省境内以及浙江省西南部也有零星分布。低水平区则由一开始的离散分布逐渐集中,最后在皖北地区与皖南地区均有明显的集聚区形成。

总体而言,长三角地区数字经济发展水平的时空分布特征较为稳定。苏浙沪二省一市数字经济发展水平较高,而安徽省则相对滞后,安徽全省除了合肥与芜湖两市,其余城市的数字经济发展水平均有待进一步提升。

长三角地区数字经济发展水平的离散化分布特征明显,区域差异呈现缩小趋势

笔者分别通过碎化度指数、变异系数及 Moran's I 指数对长三角地区数字经济发展水平的分布趋势、相对差异及空间相关性进行测度。其中,碎化度指数及变异系数用于衡量长三角地区数字经济发展水平空间分布的空间状态及其波动程度(图 2)。

测度结果显示:(1)长三角地区数字经济发展水平总体呈现出日

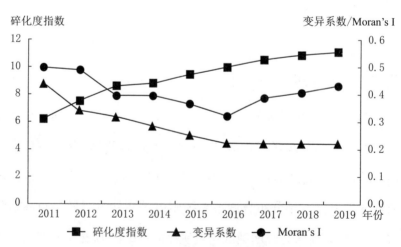

图 2　2011—2019 年长三角地区数字经济发展水平区域差异

资料来源:作者绘制。

益离散化分布的态势,其碎化度指数由 2011 年的 6.244 波动上升至 2019 年的 11.048,年均增长幅度约 8.495%。这表明,尽管高水平区依旧相对集中于长三角核心区,但长三角地区的边缘地区,如皖西皖北和苏北等地的数字经济发展水平也得到了较大提升。

(2)长三角地区数字经济发展水平的相对差异日益缩小,其变异系数由 2011 年的 0.450 持续下降至 2019 年的 0.233,年均降幅约 7.877%。

(3)从空间相关性的角度来看,2011—2019 年,Moran's I 指数均大于 0 且显著,这表明研究期内长三角地区数字经济发展整体表现出正的空间相关性,空间集聚特征明显;从演变趋势而言,其数值在研究期内波动降低,表明空间集聚程度有所降低,区域间数字经济发展水平差异日益消弭,这也与碎化度指数及变异系数的计算结果相印证。

科技创新、区域经济发展等要素对长三角地区数字经济发展具有重要的推动作用

定量分析结果表明,科技创新、区域经济发展、城镇化水平、产业结构、人力资本,以及城市等级均对长三角地区数字经济发展具有重要的推动作用,其作用力大小依次降低。从数字经济的产业基础角度而言,诸如信息通信产业、互联网相关服务业等,均具有显著的创新驱动特征。科技创新水平的提升往往会直接带来相关产业的技术升级与变革,从而促进数字经济发展水平的提升。区域经济发展水平的高

低则直接关系到区域的信息化建设基础,因此对数字经济发展也会产生较大影响。城镇化水平的提升则从供给侧与需求侧同时助力数字经济发展水平提升。城镇化水平提升所带来的城市人口增多,不仅为数字经济相关产业发展提供了必要的劳动力基础,同时更从需求侧塑造了大量的新增市场与潜在需求,故而具有较强的推动作用。就产业结构而言,长三角地区的产业以高新技术产业与服务业为主,数字经济与其具有天然耦合性,产业结构的优化与数字经济发展水平的提升所呈现出的同步趋势较为明显。人力资本的相关性数值相对较小,这预示着长三角地区在数字经济方面的专业化人才培养仍然任重道远。长三角地区城市等级存在较大差异,但由于各城市对数字经济均赋予极重的发展地位,配套政策层出不穷,体现出了政府对数字经济发展的高度重视,故城市等级差异的影响相对较小。

推动长三角地区数字经济水平提升的三个建议

第一,重视区域协调发展,弥合城市间数字鸿沟。诚然,长三角地区数字经济发展区域间差距较大,这与长三角地区产业技术基础以及发展布局差异密不可分。在正视新经济形态发展的渐进过程的同时,也应重视长三角数字经济的相关实践中呈现由单点到连片区域发展的演化趋势。应以长三角数字干线、长三角生态绿色一体化发展示范区的数字人民币试点等政策工作为依托,大力推进区域共建共享,弥合区域间数字鸿沟。

第二，化危为机，基于数字化疫情防控工作推动区域数字经济的大发展。数字化疫情防控在短时间内促进了长三角各地数字化治理进程与成效，积累并持续产生着海量的大数据资源，孕育了广泛的数字化应用场景，为诸多产业发展提供了强劲新动能，为未来产业的形成和发展提供了催化剂。在携手防控疫情的过程中，需要有序、稳健、安全、合规地开放、开发相关大数据要素，合力加快促进长三角地区数字经济发展步伐。

第三，多要素耦合求合力，加快区域创新链建设。推动长三角地区数字经济发展水平提升，不仅需要致力于单要素的提升与其驱动作用，更要注重其与其他因素的协调耦合，以形成合力，促进区域数字经济发展。不同要素对区域数字经济发展的作用方式存在较大差别，在从设施基础、核心产业、市场需求、劳动力供给以及政策调控等不同要素入手助力区域数字经济发展水平提升的过程中，应当统筹协调区域要素分配，实现数字经济嵌入式发展。应当在政府层面辅以宏观调控与政策指引，树立数字经济发展新模式，为数字经济发展营造良好的大环境。在强化传统产业数字化转型的同时，也要注重"软硬兼施"，既注重硬件环境中数字经济核心产业的培育及其各种设施配套的完善，也要注重软环境中政策导向、人才培养与科技研发等层面的支持，加快长三角地区数字经济创新链建设。

长三角数字化转型的喜与忧

陈　波　鲍　涵*

《上海市数据条例》(下称《条例》)于近日发布,《条例》对长三角区域数据合作作了专章规定,涉及长三角区域数据标准化体系建设、跨区域数据异议核实与处理、数字认证体系等诸多方面。上海将公共数据授权运营制度写入地方立法,彰显了上海对于推进数字化转型的决心,以及在长三角数字化转型中的龙头示范地位。

自《长江三角洲区域一体化发展规划纲要》中明确提出要打造"数字长三角"以来,以上海为首,长三角地区动作频出,对数字化转型进行了探索。2021 年 1 月,上海发布《关于加快新建数据中心项目建设和投资进度有关工作的通知》,提出进一步落实"新基建"的总体任务,加快推进 18 个新建数据中心项目的建设和投资进度。近日,上海发布《推进治理数字化转型实现高效能治理行动方案》,对治理数字化转型提出明确目标和方案。

长三角数字化建设走在全国前列,长三角在产业数字化和数字产业化融合、工业互联网、智能制造等方面,承担的重点项目均占全国三

分之一以上。在数字长三角建设过程中,长三角进行了诸多探索,形成以公共部门的数字化转型为先导,注重数据要素的市场化改革驱动力量等转型经验。

近日,上海发布的《推进治理数字化转型实现高效能治理行动方案》中提出,持续深入推进政务服务"一网通办"、城市运行"一网统管",通过治理数字化转型整体驱动超大城市"数治"新范式。合肥则搭建"政务云＋城市中台＋典型应用"的城市大脑体系,通过"政务云(设施底座)＋城市中台(数据底座和能力底座)"构建"城市大脑数字底座",打造数字政府的统一支撑平台。截至 2021 年 12 月,合肥城市大脑数字底座已打通合肥全市 200 余个信息系统,累计归集 333 亿余条数据,通过深度挖掘数据资源、全面分析政府部门业务事项和应用场景,生产上线了 2 000多个有较大价值的数据接口服务,支撑了皖事通办、长三角一网通办、金融、人才安居、合肥通综合服务等 422 个业务应用场景,共计减少 2 000多万次居民和企业的跑腿。在数据要素的市场化方面,上海近日将公共数据授权运营制度写入立法,切实保障数据权益、数据流通利用以及数据安全管理等环节,从而切实从数字化转型方面推动长三角一体化。

在肯定长三角数字化趋势势头良好的同时,也应正视存在的问题,随着长三角数字化转型从单点突进到整体推进,转型需求差异大等问题日益凸显。由于产业数字化涉及多种行业门类和环节,治理数字化涉及城市这一复杂系统中的诸多要素,数字化转型的不同环节对信息化要求差异巨大。相关研究提出的"多中心—协同治理"理论分析模型或为破解之法。应重视政府牵头—应急开发、政府发起—产业拉动、企业主导—平台供给等不同类型的多中心治理方式对公共服务创新的区域性实现路径的异质性影响。

长三角数字人民币实践

吕 磊 鲍 涵 *

2022年，长三角生态绿色一体化发展示范区将打"9+3+1"项数字人民币试点场景落地。截至2022年7月，长三角地区共有八市入选数字人民币试点测试，分别为苏州、上海、杭州、宁波、温州、湖州、绍兴、金华。

苏州在零售支付、实物现金双向兑换、电商线上场景，以及离线钱包支付体验等方面都展开了积极尝试。截至2022年5月末，苏州累计开立个人钱包2 909万个，交易金额264亿元。

2021年9月，上海市人民政府办公厅印发《上海市建设国际消费中心城市实施方案》。在方案中，数字人民币应用场景扩容再度被提及。更早发布的《上海国际金融中心建设"十四五"规划》中，也有"稳步推进数字人民币应用试点，丰富数字人民币应用场景"的相关表述。

目前，上海数字人民币的应用场景涵盖生活缴费、餐饮服务、出行购物等诸多方面，消费场景于线上线下同步展开。2022年1月，上海首个数字人民币应用场景在同仁医院启动。此后，美团在上海等地试

* 吕磊、鲍涵，华东师范大学城市发展研究院硕士研究生。

点数字人民币低碳红包,可用于支付共享单车费用。数字人民币的应用场景既包括传统的商圈,也有美团、滴滴、B站等互联网平台。

浙江省数字人民币试点将依托杭州亚运会应用场景建设展开,以亚运会场景牵引带动试点城市数字人民币受理环境提升,探索浙江特色的数字人民币生态体系。目前,"数字人民币"App已在浙江试点地区开放注册,更多的创新实践正在逐步推进。

数字人民币是中国人民银行发行的数字形式的法定货币,由指定运营机构参与运营,以广义账户体系为基础,支持银行账户松耦合功能,与实物人民币等价,具有价值特征和法偿性。

在技术层面,数字货币的研究开发经历了数个阶段,2014年,中国人民银行成立法定数字货币研究小组,开始对发行框架、关键技术、发行流通环境及相关国际经验等进行专项研究。2016年,成立数字货币研究所,完成法定数字货币第一代原型系统搭建。

2017年末,经国务院批准,中国人民银行开始组织商业机构共同开展法定数字货币(字母缩写按照国际使用惯例暂定为"e-CNY")研发试验。在此之后选择部分有代表性的地区开展数字货币全国性试点测试,长三角的部分城市也在此列。

数字人民币全国性试点测试目前共有三轮,2019年末,央行率先在深圳、苏州、雄安、成都及2022年北京冬奥会场景开展数字人民币试点测试。第二轮自2020年11月份开始,增加了上海、海南、长沙、西安、青岛、大连6个新的试点地区,形成了"10+1"个试点地区。2022年4月2日,有序扩大数字人民币试点范围,增加天津、重庆、广州、福州和厦门,以及承办亚运会的6个城市即杭州、宁波、温州、湖州、绍兴、金华,作为试点地区。

经过三轮试点区域的扩容,数字人民币在长三角呈现单点到连片跨区域发展的演化特征。在 2021 年,长三角一体化发展示范区数字人民币试点工作就已在跨区域科技创新券、跨区域税费缴纳、跨区域公共交通、跨区域公共支付等方面打造了一批亮点应用。2022 年示范区除了打造"9+3+1"项试点场景落地外,还瞄准"双碳"目标,对数字人民币的实践提出了更高要求。

数字人民币试点由单个城市到跨区域,这既是数字人民币动态升级的必然过程,也为弥合城乡数字鸿沟提供可能。长三角示范区数字人民币试点重点关注农业领域,数字人民币在"涉农"域支付场景的落地生效,将有效弥合城乡数字鸿沟,缩小区域间差异。在肯定长三角数字人民币实践的成效的同时,要正视数字人民币的技术路线选择是一个长期演进、持续迭代、动态升级的过程,警惕新技术推进过程中的技术瓶颈会加剧区域不平衡等风险。

附录 长三角发展大事记
（2021 年 9 月—2022 年 8 月）

● 2021 年 9 月 1 日,全国"质量月"苏浙皖赣沪共同行动启动。

9 月 1 日,2021 年全国"质量月"苏浙皖赣沪共同行动启动仪式在合肥举行。启动仪式上,苏浙皖赣沪市场监管局签署《消费品召回工作合作协议》,苏浙皖赣沪有关高校签署《质量发展工作联盟合作协议》,皖赣交接苏浙皖赣沪"质量旗"。

● 2021 年 9 月 21 日,长三角一体化中心城区统战联盟正式成立。

9 月 21 日,长三角一体化中心城区统战联盟成立大会暨联盟第一次会议在无锡市梁溪区召开。这是长三角地区首个以统战工作为基础,以中心城区地缘框架为依托,以服务长三角一体化高质量发展为主旨的跨省域城区合作共同体。

● 2021 年 9 月 23 日,长三角生态绿色一体化发展示范区开发者大会举行。

9 月 23 日,2021 年长三角生态绿色一体化发展示范区开发者大会在苏州市吴江区举行。会上,长三角可持续发展研究院、浙江大学长三角智慧绿洲、中国工业互联网研究院江苏分院揭牌。三峡集团等开发者联盟单位发布示范区绿色低碳发展倡议。会议还举行了示范区合作项目签约。

● 2021 年 9 月 23 日,2021 长三角城市更新论坛举行。

9 月 23 日,2021 长三角城市更新论坛在沪举行,与会专家学者和实务工作者围绕上述话题展开交流研讨。本次论坛由上海现代服务业联合会、上海长宁区政府、长三角现代服务业联盟主办,旨在集聚三省一市多方力量,推动四地资源共享、合作共赢。

● 2021 年 10 月 1—7 日,长三角铁路国庆黄金周发送旅客 1 800 万人次。

根据中国铁路上海局集团有限公司数据,10 月 1—7 日国庆黄金周 7 天,长三角铁路发送旅客 1 800 万人次,较上年同比增长 1.1%,日均发送旅客 257 万人次,假期客流持续处于高位运行。其中 10 月 1 日发送旅客 332.5 万人次,创下 2021 年五一假期后单日客发量新高。

● 2021 年 10 月 9 日,长三角一体化示范区"规划建设导则"剧透。

10 月 9 日,长三角一体化示范区举行新闻发布会,介绍《长三角生态绿色一体化发展示范区先行启动区规划建设导则》相关情况。这是中国第一部跨省域的规划建设导则,将助力示范区先行启动区实现"一套标准管品质"。该导则将为规划管理人员在规划建设、审批过程中提供依据,为规划设计人员编制规划和开展工程设计提供技术指导。

● 2021 年 10 月 12 日,长三角巾帼科技创新联盟成立。

10 月 12—13 日,在长三角女企业家科技创新成果展示暨对接交流会上,长三角巾帼科技创新联盟正式成立。该联盟将为长三角女企业家、女科技工作者搭建产业合作和科技创新的交流合作平台,推进长三角女企业家、女科技工作者创新创业资源共享,共同为长三角区域高质量一体化发展贡献巾帼力量。

● 2021 年 10 月 18 日,安徽将打造长三角技术转移中心。

　　10 月 18 日,安徽联合技术产权交易所已联合上海市科技创业中心、浙江大学技术转移中心、江苏淮海技术产权交易中心等成功举办长三角技术转移线上大会。本次大会上,来自合肥科创"阵容"的一批重点项目成果,面向长三角产权交易市场发布,未来安徽还将致力于打造长三角区域技术转移中心,促进科技成果转化落地。

● 2021 年 10 月 20 日,长三角区域首次申领居民身份证"跨省通办"试点启动。

　　自 10 月 20 日起,长三角区域首次申领居民身份证"跨省通办"试点工作正式启动。12 月 1 日起,首次申领居民身份证"跨省通办"业务将在长三角全域范围内全面实现。首批试点单位包括:上海市全市;江苏省南京市、苏州市、盐城市;浙江省嘉兴市、绍兴市、台州市;安徽省合肥市、宿州市、黄山市。

● 2021 年 10 月 20 日,长三角民营经济跨区域协同发展联盟"扩容"。

　　10 月 20 日下午,长三角民营经济跨区域产业协同发展论坛在徐州举行。长三角民营经济跨区域协同发展联盟正式"扩容",合肥、南通加入联盟。论坛期间,长三角民营经济跨区域协同发展联盟城市发布一年来民营经济跨区域发展成果,共同发布长三角民营经济跨区域协同发展联盟章程。

● 2021 年 11 月 1 日,长三角知识产权信息公共服务平台正式上线。

11 月 1 日,长三角知识产权信息公共服务平台上线发布会在浙江(杭州)举行。长三角知识产权信息公共服务平台以互联互通、共建共享为基础,以社会公众和创新创业主体需求为导向,涵盖知识产权基础数据检索、业务办理、信息查询等功能。平台将作为国家知识产权信息公共服务体系的一部分,实现跨地区、跨部门、跨层级的数据共享和业务协同。

● 2021 年 11 月 3 日,第五次长三角地区政协主席联席会议在上海召开。

11 月 3 日,第五次长三角地区政协主席联席会议在上海召开。上海市政协主席董云虎主持,安徽省政协主席张昌尔、江苏省政协主席黄莉新、浙江省政协主席葛慧君出席并讲话。会议听取了长三角区域一体化发展情况介绍;审议通过了长三角地区政协"推进数字长三角建设"联合调研总报告,2022 年度长三角地区政协开展联动履职总体方案等相关事项。

● 2021 年 11 月 4 日,长三角市场监管联席会议召开。

11 月 4 日,2021 年长三角市场监管联席会议在扬州召开,江苏省副省长胡广杰出席会议并讲话。下一步,要深化商事制度改革,协同打造国际一流营商环境;夯实质量技术基础,协同提升产业链供应链水平;打响满意消费品牌,协同推动消费环境提档升级;强化监管执法联动,协同维护竞争有序市场秩序。

● 2021 年 11 月 8 日,盐城打造长三角金色北翼。

11 月 8 日,盐城召开"长三角一体化产业发展基地建设"动员大会。紧扣一体化和高质量两个关键词,盐城提出"一年出形象、三年大变样、五年见成效"的目标,今后将在产业集聚、开放合作、绿色发展、改革集成等方面,大胆创新探索,善于借势发力,全力以赴把产业发展基地打造成长三角一体化深度融合发展的实践样板,加快建设"链接世界、赋能未来、引领潮流、别样风景"的长三角金色北翼。

● 2021年11月14日,首届长三角青少年人工智能奥林匹克挑战赛总决赛举行。

　　首届长三角青少年人工智能奥林匹克挑战赛总决赛于11月14日举行。此次人工智能教育活动持续开展5个月,其间,共有来自长三角地区三省一市的总计9个城市、千余所中小学校参与。截至11月初,参与人次超50万,参赛队伍超千支,相关平台总访问量超100万人次。

● 2021年11月17日,第四届长三角科技成果交易博览会开幕。

　　以"技术赋能,数智引领"为主题,第四届长三角科技成果交易博览会11月17日在上海市嘉定区开幕。长三角区域城市展团受邀参展,线下参展企业150家,共设5个展区,同期将举办40余场活动。开幕式上发布了《2021长三角41城市创新生态指数报告》。

● 2021年11月18日,全球低碳冶金创新联盟在上海成立。

　　11月18日,来自15个国家的钢铁企业、高等院校、科研机构共62家单位齐聚,在世界最大钢铁企业中国宝武的倡议下,成立全球低碳冶金创新联盟。全球第二大钢铁企业安赛乐米塔尔集团副总裁、中国区首席执行官桑杰表示,此次联盟成立,相当于向全球钢铁行业碳减排工作中投入一剂"催化剂"。

● 2021 年 11 月 20 日,《长三角生态绿色一体化发展示范区绿色金融发展
  实施方案》正式印发。

　　方案明确,将通过三年左右时间,将长三角一体化示范区打造成为绿
色金融产品和服务创新的先行区、气候投融资和碳金融应用的实践区、绿
色产业和绿色金融融合发展的试验田。方案明确了 9 项主要任务,包括
大力发展绿色信贷,推动证券市场支持绿色投资,创新发展绿色保险,发
展绿色普惠金融,发展气候投融资和碳金融,培育发展绿色金融组织体
系,构建绿色金融服务产业转型升级发展机制,建立绿色信息共享机制,
加强绿色金融交流合作。

● 2021 年 11 月 21 日,长三角(湖州)产业合作区获批设立。

　　11 月 21 日,浙江省政府批复同意设立长三角(湖州)产业合作区(下
称"产业合作区")。产业合作区的设立将有效推动三省一市共建"一地六
县"长三角产业合作区;产业合作区将坚持生态优先,优化资源配置,打造
主导产业,深化开放合作,加快产城融合发展,着力打造绿水青山就是金山
银山理念转化样板区,为高质量发展建设共同富裕示范区作出积极贡献。

● 2021 年 11 月 23 日,长三角区域新生儿入户可跨省(市)通办。

　　从 11 月 23 日起,长三角区域新生儿入户可跨省(市)通办,不再需要
在实际居住地和入户地之间来回奔波。这是沪苏浙皖四地公安机关在
"我为群众办实事"实践活动中推出的又一项便民服务举措,助力长三角
区域一体化发展。

● 2021 年 11 月 24 日,长三角地区北沿江高速铁路获批。

　　11 月 24 日,国家发改委网站公布《国家发展改革委关于新建上海至

南京至合肥高速铁路可行性研究报告的批复》。批复显示，为深入贯彻落实长江经济带发展战略，构建长江经济带综合立体交通走廊，同意新建上海至南京至合肥高速铁路。线路全长554.6公里，其中新建铁路519.9公里、利用既有铁路34.7公里。

● 2021年11月29日，2021年沪港澳青年经济发展论坛在上海举办。

11月29日，2021年沪港澳青年经济发展论坛以三地连线形式在上海举办。本届论坛聚焦新阶段、新理念、新格局，探讨"十四五"期间沪港澳发展面临的机遇和挑战，关注城市功能和地区协同。来自沪港澳三地百余名嘉宾和青年代表以线上线下方式参加论坛。

● 2021年11月29日，长三角联动生态环境宣教。

11月29日上午，来自上海、江苏、浙江、安徽的生态环境厅(局)和媒体代表，共同启动长三角区域生态环境宣传教育联动工作，并通过"云签约"的方式，发出倡议书《我们在一起，守护母亲河》。启动活动的主会场设在江苏，上海、浙江、安徽设立分会场。与会代表倡议：共抓大保护，不搞大开发，共同谱写新时代长江之歌。

● 2021年12月11日，长三角文物市场一体化规范发展战略合作框架协议正式签署。

上海市文物局、江苏省文物局、浙江省文物局和安徽省文物局正式签署《长三角文物市场一体化规范发展战略合作框架协议》，共同致力于建立全国首个区域性文物市场一体化合作体系，全面推动长三角文物市场向更规范、更深层次、更宽领域发展。

● 2021 年 12 月 11 日,长三角三省一市区域创新能力位居全国第一方阵。

12 月 11 日,《中国区域创新能力评价报告 2021》在京发布。报告显示,广东、北京、江苏分列 2021 年度区域创新能力前三,上海、浙江以及安徽分别位列第 4、第 5、第 8 位,长三角三省一市都位居全国第一方阵。

● 2021 年 12 月 15 日,长三角区域公共创业服务联盟成立。

12 月 15 日,长三角区域公共创业服务联盟启动仪式在合肥市举行。联盟由长三角一市三省人力资源和社会保障厅(局)共同发起,实行轮值制度,每年轮值 1 次,安徽省首次轮值。联盟宗旨主要是深化和拓展长三角地区交流合作,提升创业服务工作水平,形成一市三省联动机制,更好地服务区域创业者。

● 2021 年 12 月 21 日,长三角市场监管一体化发展"十四五"规划发布。

长三角沪苏浙皖市场监管部门联合印发《长三角市场监管一体化发展"十四五"规划》。规划提出,将全面营造放心满意消费环境,倡导长三角地区线下实体店实行无理由退货承诺,并力争到 2025 年承诺企业达到 5 万家以上,培育发展"满意消费长三角"单位 20 万家以上,全面覆盖长三角地区消费较为集中的主要行业、新兴领域和重点经营场所。

● 2021 年 12 月 21 日,安徽出台长三角一体化发展五年行动方案。

《安徽省实施长三角一体化发展规划"十四五"行动方案》已正式公布。到 2025 年,安徽与沪苏浙一体化发展水平显著提升,一体化体制机制全面建立,重点区域板块一体化发展达到较高水平,重点领域基本实现一体化。中心区城市人均 GDP 基本达到长三角平均水平,安徽省人均 GDP 与沪苏浙相对差距进一步缩小,常住人口城镇化率达到 65% 左右,全社会研发投入强度达到 2.8% 左右。

● 2021 年 12 月 23 日，2021 年浙皖闽赣国家生态旅游协作区线上推进会
　召开。

　　12 月 23 日，由安徽省、浙江省、福建省和江西省四省文化和旅游厅
共同主办的 2021 年浙皖闽赣国家生态旅游协作区线上推进会召开。四
省联合发布《浙皖闽赣国家生态旅游协作区生态旅游廊道合作共建宣
言》，并宣布 2022 年浙皖闽赣国家生态旅游协作区推进会举办地为福建
省南平市。

● 2021 年 12 月 24 日，长三角数字创意产业发展大会举办。

　　12 月 24 日，长三角数字创意产业发展大会以线上线下结合的方式
在合肥举办。会议指出，三省一市开展数字创意产业深度合作，共同把优
势转化为胜势，是推动长三角一体化高质量发展的具体举措。同时，大会
成立长三角数字创意产业联盟，揭牌成立安徽省数字创意产业协会，宣布
设立总规模 50 亿元的安徽文化和数字创意产业投资基金。

● 2022 年 1 月 11 日，长三角生态绿色一体化发展示范区 2021 年形成 46
　项制度创新成果。

　　1 月 11 日下午，长三角生态绿色一体化发展示范区理事会举行第五
次全体会议。会议指出 2021 年，示范区共形成 46 项新的制度创新成果，
推进 65 个亮点项目，其中包括为了改善生态环境，实现跨区通赔，探索建
立绿色保险共保体承保模式等。同时，会议指出 2022 年长三角生态绿色
一体化发展示范区工作关键词转为"制度深化"和"项目攻坚"，并将推进
71 项重点工作。

● 2021年1月11日,长三角地区合作与发展联席会议召开。

1月11日,长三角地区合作与发展联席会议以视频形式召开。会议全面总结了2021年长三角一体化发展工作,研究安排了2022年工作任务。会议指出,2022年三省一市要把牢稳字当头、稳中求进工作总基调,围绕"一极三区一高地"战略定位,坚持分工协作与各扬所长相结合、示范引领与统筹推进相结合、政府引导与市场主导相结合,积极融入一体化、服务一体化、推动一体化。

● 2022年1月18日,长三角示范区推动数字政府建设。

1月18日,在长三角数据共享开放区域组成立大会暨2022年长三角"一网通办"专题会议上,长三角生态绿色一体化发展示范区执委会与上海市大数据中心、江苏省大数据管理中心、浙江省大数据发展局正式签订《长三角生态绿色一体化发展示范区公共数据"无差别"共享合作协议》。

● 2022年1月29日,沪苏浙皖联手出台"免罚清单"。

沪苏浙皖四地多部门联合推出《长江三角洲区域文化市场轻微违法行为免罚清单》和《长江三角洲区域气象领域轻微违法行为免罚清单》两份免罚清单,共明确21项轻微违法免罚事项。清单最大限度地统一了长三角区域文化市场和气象领域免罚标准,探索建立了长三角区域执法规则统一、执法监管协同的新路径。

● 2022年2月9日,90亿元项目落户长三角绿色生态一体化示范区。

2月9日,长三角生态绿色一体化发展示范区执委会、示范区开发者联盟与青浦、吴江、嘉善两区一县共同举办2022年示范区开发者联盟重大项目对接会。现场,6个凸显一体化、高质量的项目集中签约,项目聚焦创新产业、乡村振兴、公共服务等领域,总投资额达90.1亿元。

● 2022年2月14日,长三角36所高校入选"双一流"。

2月14日,教育部、财政部、国家发展改革委印发《关于深入推进世界一流大学和一流学科建设的若干意见》,更新第二轮"双一流"建设高校及建设学科名单,全国145所高校榜上有名。其中,长三角区域三省一市共36所高校入选,占全国25%。其中,上海、江苏两地就有30所(14+16)高校入选,占全国20%,占长三角的83%。

● 2022年2月16日,长三角地区启动建设全国一体化算力网络国家枢纽节点。

2月16日,国家发改委等部委同意粤港澳大湾区、成渝地区、长三角地区、京津冀地区启动建设全国一体化算力网络国家枢纽节点。长三角枢纽规划设立长三角生态绿色一体化发展示范区数据中心集群和芜湖数据中心集群,围绕两个数据中心集群,抓紧优化算力布局,积极承接长三角中心城市实时性算力需求,引导温冷业务向西部迁移,构建长三角地区算力资源"一体协同、辐射全域"的发展格局。

● 2022年2月17日,沪苏浙皖规划体育产业一体化发展。

2月17日,上海市体育局、江苏省体育局、浙江省体育局、安徽省体育局共同印发《长三角地区体育产业一体化发展规划(2021—2025年)》。规划提出,到2025年,长三角地区体育产业总规模达到1.65万亿元,产业增加值占当年地区生产总值的比重超过2%,居民体育消费总规模超过8000亿元。到2035年,基本形成与世界级城市群相匹配的体育产业生态系统。

● 2022 年 2 月 24 日,安徽省"十四五"科技创新规划发布。

2 月 24 日,安徽省人民政府办公厅正式印发《安徽省"十四五"科技创新规划》。规划提出,力争到 2025 年,安徽省科技创新攻坚力量体系和科技成果转化应用体系基本形成,研究与试验发展经费支出占国内生产总值 2.8% 左右,高新技术产业增加值力争年均增幅为 12% 以上,高新技术企业超过 17 000 家。

● 2022 年 2 月 27 日,长三角遗传咨询诊疗网络启动。

2 月 27 日,长三角遗传咨询诊疗网络正式组建与启动。长三角遗传咨询诊疗网络在上海落户,通过邀请国内外高水平专家的参与,有助于提高中国各地区遗传咨询水平,推动国际经验交流。同时,在出生生殖缺陷、肿瘤、心血管、糖尿病、骨骼等遗传疾病的综合防控领域,将开拓性构建正常和异常基因序列集群与遗传咨询的创新共同体,为临床疾病诊疗带来里程碑式的变化。

● 2022 年 3 月 11 日,长三角首条跨省市市域铁路获批建设。

3 月 11 日,上海金山至嘉兴平湖市域铁路浙江段可行性研究报告获批。铁路自金山铁路金山卫站引出,向西进入浙江,途经平湖市、嘉兴港区,终至海盐县,最高设计时速 160 公里。新建线路长度约 52 公里,其中浙江段线路长度 41.626 公里。这是长三角地区首条跨省市市域铁路,由此,平湖、海盐、嘉兴港区将结束不通铁路的历史。

● 2022 年 3 月 18 日,《关于推动长江三角洲区域公共资源交易一体化发展的意见》发布。

3 月 18 日,国家发展改革委网站发布《关于推动长江三角洲区域公

共资源交易一体化发展的意见》。意见提出,到2023年底,长三角区域公
共资源交易一体化发展取得实质性进展,各级公共资源交易平台互联互
通进一步深化,交易信息、市场主体信息和专家资源实现区域内统一共
享,参与跨省远程异地评标和CA数字证书互认的城市达20个以上。

● 2022年3月25日,沪苏浙皖联合打造长三角"文化发展高地"。

　　3月25日,2022年长三角文化和旅游联盟联席会议在安徽黄山召
开。会上,沪苏浙皖一市三省旅游部门就长三角文化和旅游高质量一体
化发展进行深入交流会商,联合推出了2022年长三角文化和旅游工作清
单,包括50余项工作。

● 2022年3月30日,联合国人居署宣布设立"上海全球可持续发展城
　市奖"。

　　3月30日,联合国人居署在肯尼亚内罗毕召开的2022年执行局第
一次会议上,宣布在中国政府支持下设立"上海全球可持续发展城市奖"
(简称"上海奖"),并将在2022年10月31日世界城市日全球主场活动中
颁发首届奖项。

● 2022年4月13日,长三角(湖州)产业合作区实现百日"开门红"。

　　4月13日,长三角(湖州)产业合作区举行首次项目"云签约"活动。
随着两个高新技术产业项目的落地,长合区自1月4日揭牌以来已签约
亿元以上项目17个,总投资额近150亿元,实现揭牌百日"开门红"。

● 2022年5月,长三角中欧班列2022年1—5月开行1 135列。

　　2022年1—5月,长三角铁路共开行中欧班列1 135列,同比增长

8.8％;发运 11.06 万标准箱(TEU),同比增长 6.5％。班列开行总体呈现"稳中有升"的有利态势。5 月,中欧班列增长势头强劲,开行 235 列,同比增长 14.1％;发运 2.3 万 TEU,同比增长 12.9％,为助力复工复产、稳住经济大盘、服务构建新发展格局作出积极贡献。

● 2022 年 5 月 6 日,全国公共服务质量监测江苏列第一。

5 月 6 日,国家市场监管总局近日发布《2021 年全国公共服务质量监测情况通报》,在监测的 31 个省(区、市)共 120 个城市中,江苏省以总体满意度 82.77 分(高于全国平均分 3.68 分)排名全国第一。参与调查的城市中,南京市位列第一,泰州市、镇江市、盐城市、宿迁市分别列第 3、第 5、第 12、第 13 位。

● 2022 年 5 月 17 日,江苏首列"铁快通"中欧班列出境。

5 月 17 日,在南京海关所属徐州海关监管下,一列满载徐工集团挖掘机、压路机、铣刨机等工程机械,货值约 420 万美元的中欧班列从霍尔果斯国境口岸顺利出境,将于四天后到达目的地乌兹别克斯坦,这是江苏首列"铁快通"中欧班列。徐州海关通过大力开发"班列＋"模式,保障班列运营与企业发展互促互利,密切关注本地龙头企业、重大投资项目的上下游、产供销需求,充分利用中欧班列常态化开行带来的物流便利,支持定制"铁快通"班列专列。

● 2022 年 5 月 19 日,浙江印发 2022 年高质量推进乡村全面振兴的实施意见。

5 月 19 日,《中共浙江省委　浙江省人民政府关于 2022 年高质量推进乡村全面振兴的实施意见》正式印发。意见明确了 2022 年浙江"三农"

工作的主要指标:全省农林牧渔业增加值增长2%以上,农村居民人均可支配收入增长8%以上,地区差距、城乡差距、收入差距持续缩小,确保完成国家下达的粮食生产计划任务。

● 2022年5月19日,江苏交通运输现代化示范区建设方案出台。

5月19日,江苏省交通运输厅、省发改委近日联合印发《江苏交通运输现代化示范区建设方案》,提出要以"交通运输一体化发展的先行区、高质量发展的样板区和创新发展的引领区"为方向,全面推进基础设施、出行服务、物流服务、智慧交通、绿色交通、平安交通、行业治理现代化。

● 2022年5月25日,《安徽省"十四五"人口发展规划》印发。

5月25日,安徽省发改委印发《安徽省"十四五"人口发展规划》,提出到2025年,全省生育支持政策体系基本建立,生育、养育、教育等服务保障体系逐步完善,全省常住人口6180万人左右,人均期望寿命达到78.8岁。

● 2022年5月26日,安徽将推动长三角区域省市共同建立大型科学仪器设施共享协同机制。

根据《安徽省科学技术进步条例(修订草案)》,安徽省将积极推进农业科技进步,为科研人员营造良好的科技创新环境,推动长三角区域省市共同建立大型科学仪器设施共享协同机制,推动建设和完善长三角大型科学仪器设施的共享服务平台。

● 2022年5月31日,浙江省发布数字贸易标准。

5月31日下午,浙江发布全国首个数字贸易标准化研究报告和数字贸易领域标准,即《数字贸易标准化白皮书》和《数字贸易通用术语》双团体标准两项重要成果。白皮书全面分析国内外数字贸易发展和标准化现状，《数字贸易通用术语》双团体标准是数字贸易领域的全国首个标准，收录76个数字贸易领域通用术语。

● 2022年5月31日，上海出台纾困"新12条"助力旅游业复苏和发展。

5月31日，上海市文化旅游局会同市发展改革委、市教委、市财政局、市人力资源和社会保障局、市金融局、上海税务局、上海银保监局、市总工会等研究制定"关于促进上海旅游行业恢复和高质量发展的若干措施"（简称"恢复发展新12条"）。这是上海连续第三年推出支持旅游业恢复发展的相关政策。旅游业"恢复发展新12条"，从降本减负、打通政策堵点、引导金融滴灌、加强跨周期布局、放大集成效应五个方面助力旅游业复苏和发展。

● 2022年6月14日，湘湖实验室在杭成立。

6月14日，浙江第十家省实验室湘湖实验室，即现代农学与生物制造浙江省实验室在杭州萧山成立。浙江省农业科学院牵头建设湘湖实验室，以农业核心种质资源生物制造与生物互作科学问题和核心技术研究为总体定位，计划未来5年引育8至10名世界顶尖人才，汇聚350余名科研人员，并由国内外享有较高学术声誉科学家领衔，形成两院院士团队6至8个。

● 2022年7月14日，苏皖营运船舶实现通检互认。

7月14日下午，"苏皖船检一体化工作站"挂牌仪式在江苏泰州举行，这标志着全国首家由两省共同设立的营运船舶通检互认工作站正式运行。安徽船检将继续推进长三角区域船舶检验区域协调与合作，探索船检体制机制改革创新的新途径,推进长三角区域船检一体化融合发展示范样板建设。

● 2022年7月19日,先进技术成果转化长三角园区启用。

7月19日,先进技术成果转化长三角园区启用大会在苏州举行。先进技术成果长三角转化中心成立一年来,积极探索"双向转化"模式,努力构建"融合发展、开放发展、互助发展"转化生态,推动一批转化项目落地见效,取得显著的阶段性成果。

● 2022年7月20日,长三角金融司法论坛举行。

7月20日上午,首届长三角金融司法论坛在上海金融法院举行。据悉,去年11月,上海金融法院就同南京、杭州、合肥、苏州四家中级人民法院签署《长三角区域金融司法合作协议》,本次论坛是进一步落实合作协议的务实举措。

● 2022年8月4日,浙江数字化综合发展水平全国第一。

8月4日,国家网信办日前发布了《数字中国发展报告(2021年)》。报告显示,浙江、北京、上海、广东、江苏、山东、天津、福建、湖北、四川等地区数字化综合发展水平位居全国前十名,浙江数字化综合发展水平居全国第一。

● 2022年8月5日,浙江首次发布全民健身发展指数。

浙江省体育局于8月5日发布《2020年浙江省全民健身发展指数报告》,这是浙江首次面向社会发布全民健身发展指数。指数评估设置"全民健身基础条件""全民健身参与程度""全民健身综合效果"3个一级指标、9个二级指标及30个三级指标,指标体系满分为100分。2020年浙江"全民健身发展指数"得分为80.69分,总体发展状况较好。

● 2022年8月7日,长三角地区前7月外贸数据公布。

海关总署8月7日发布数据,2022年前7个月,中国货物贸易进出口总值23.6万亿元,同比增长10.4%。外贸克服诸多不利影响,实现较快增长。长三角地区外贸持续快速恢复。前7个月,长三角地区三省一市进出口同比增长11.7%,比上半年增速加快2.5个百分点;7月当月同比增长25.7%,对全国外贸增长的贡献率超过五成。

● 2022年8月11日,长三角示范区排定碳达峰时间表。

《长三角生态绿色一体化发展示范区碳达峰实施方案》8月正式印发。方案提出,到2025年,力争示范区能耗强度较2020年降低15%左右、碳排放强度较2020年下降20%以上;到2030年前,整体实现碳达峰并稳步下降,为实现碳中和目标奠定坚实基础。

● 2022年8月11日,江苏省出台20项举措破解企业融资难。

8月11日,《江苏省加强信用信息共享应用促进中小微企业融资若干措施》出台,在国家信用信息共享清单的基础上,编制完成江苏信用信息共享清单。明确省市层面共享信息类37个,主要包括两方面:一是由地方人民政府实施的信息类16个,包括纳税、欠税、社会保险费缴纳、住房公积金缴纳、水费、电费、燃气费、不动产抵押信息等;二是结合江苏融资信用服务实际需求增加的信息类21个,包括简易注销公告、歇业公告、开庭、失信限制高消费、知识产权涉诉等。

● 2022年8月12日,长三角加快科创与产业深度协同融合。

2019—2021年,国家重点研发计划中,长三角协同承担682项,占三省一市获批国家立项总数的76.2%;争取国家经费109.49亿元,占比86.73%。近年来,长三角科技合作日益紧密,联合开展产业链补链固链强链行动,科创与产业融合发展新格局加快形成,共同推动高水平科技自立自强与产业协同发展。

● 2022年8月15日,长三角首次联合发布区域环境空气质量预报。

8月15日,长三角区域环境空气质量预报正式上线。长三角三省一市生态环境部门也将从15日起每周联合发布未来7天的区域空气质量预报结果。依托长三角区域空气质量预测预报中心,三省一市生态环境部门通过可视化视频开展长三角区域空气质量预报会商,按照统一的空气质量预测预报规范,共同研判未来7天空气质量变化趋势。

● 2022年8月16日,长三角生态环保"产业链＋法律服务"联盟成立。

8月16日,长三角生态环保"产业链＋法律服务"联盟暨专项公益基金在无锡成立。联盟由省生态环保科技产业商会、宜兴市司法局牵头成立,旨在促进长三角生态环保产业链法律服务水平不断提升。

● 2022年8月17日,长三角新媒体圆桌会议在沪举行。

8月17日,长三角新媒体圆桌会议在上海举行。会议发布《2022长三角新媒体协同合作倡议》,倡议提出长三角媒体要探索区域新媒体发展新思路,为长三角高质量发展、更高质量一体化发展贡献更大媒体力量。

● 2022年8月17日,长三角一体化发展高层论坛在上海举行。

8月17日,长三角一体化发展高层论坛在上海举行。长三角三省一市主要领导、有关专家学者,围绕新征程上长三角一体化发展的新使命、新愿景进行了深入探讨。论坛上,发布了2022年长三角"一网通办"示范应用成果并上线银行自助终端,揭牌了长三角碳中和产学研联盟,签署了协同推进上海苏北农场高质量发展合作备忘录、协同推进上海皖南农场高质量发展合作备忘录、加强优质特色农产品产销对接合作备忘录等多项重大合作项目。

● 2022年8月18日,苏皖三市立法保护长江"微笑天使"。

8月18日,南京市第十六届人大常委会第四十次会议召开,会议审议《南京市人民代表大会常务委员会关于加强长江江豚保护的决定(草案)》。据悉,镇江、马鞍山也于8月同步将该草案提请本市人大常委会一审。这是南京都市圈城市人大首次跨省域协同立法,也是全国首例对单一物种的流域性区域协同保护立法。

● 2022年8月30日,长三角科创共同体发布创新需求面向全球揭榜。

2022浦江创新论坛期间,长三角科技创新共同体建设办公室发布《长三角科技创新共同体联合攻关合作机制》等三项政策文件,同时遴选了20家企业的"急迫需求",围绕集成电路、人工智能两大先导产业领域,面向全球发出揭榜任务。目前,需求方规划投入资金超过7亿元,对外揭榜资金超过1.6亿元。

● 2022年8月31日,长三角八地联合发布"首违不罚"清单。

8月31日,由浙江省嘉兴市,江苏省苏州市、南通市,上海市宝山区、嘉定区、金山区、青浦区、崇明区等三省(市)八地城市管理综合行政执法部门联合制定的长三角"首违不罚"清单在平湖市发布。清单发布后,八地城市管理综合行政执法部门在毗邻区域将共同遵守,以推动毗邻区域执法协作,优化营商环境。

（大事记由华东师范大学城市发展研究院鲍涵整理。）

后　记

今年国庆,我和家人去了趟常熟。从上海到常熟自驾大概一个半小时,高铁最快 48 分钟。

长三角一体化上升为国家战略以来,公众对一体化感受度最高的就是交通。如今,长三角已经编就了全国最密集的高铁网,陆域所有地级以上城市均通达了动车。其中,沪宁杭"黄金三角"一小时交通圈已形成。

在常熟的路上,随处可见沪牌车,酒店工作人员说:来自上海的游客最多。随着交通便利性提升,新冠肺炎疫情的三年来,长三角地区省内游、短途游明显增加。2022 年国庆假期,上海本地周边订单量占比为 74%,南京共接待游客 700.14 万人次,其中接待的省内游客近七成。

疫情在重塑我们的生活方式,被改变的不止旅游目的地。疫情之下,服务业受到重创,这也加快了长三角城市产业结构的调整。2021年,杭州第二、第三产业增速趋于同步,这是数年来杭州二三产第一次发生转化,南通第三产业增加值也自 2018 年以来出现首次下降。

这一年,我们也能感受到长三角区域协同更加紧密,更像一家人了。上半年上海疫情期间,苏浙皖三省第一时间在医疗救治、物资保供、产业保链等方面通力协作、共同守"沪"。在政策上,政学界呼吁和期待已久的《上海大都市圈空间按协同规划》由沪苏浙三省政府联合发布,旨在合力打造具有全球影响力的世界级城市群。

近年来,沪苏浙皖的产业协作愈加密切。2022 年 8 月,澎湃研究所在对上海、嘉兴、杭州等化妆品产业园区采访调研后发现,化妆品产业链在长三角城市中已经相对完成的形成,上海的化妆品企业总部最集中,以龙头企业为主,侧重研发;杭州在下游即美妆市场最具优势,而沪杭以外的城市主要承接生产制造功能。

重塑与转型,或许可以作为疫情以来中国社会与经济的关键词之一。重塑与转型,也是今年"长三角议事厅"专栏合集的主题词。这是"长三角议事厅"专栏第三本合集,这本合集收录了专栏从 2021 年 7 月到 2022 年 7 月的部分文章。自 2019 年 3 月长三角议事厅专栏上线以来,截至 2022 年 10 月,专栏累计发表文章 194 篇。

在此,感谢一直以来关心、关注长三角议事厅专栏的作者与读者朋友;感谢华东师范大学中国现代城市研究中心主任曾刚教授对专栏议题设置、出版合集的支持;感谢格致出版社副总编辑忻雁翔老师、王浩淼编辑的细心编辑与耐心等待。

澎湃研究所　吴英燕

2022 年 10 月于上海

图书在版编目(CIP)数据

长三角议事厅合集.重塑与转型/曾刚等著;澎湃
研究所编.—上海:格致出版社:上海人民出版社,
2022.12
ISBN 978 - 7 - 5432 - 3408 - 6

Ⅰ.①长…　Ⅱ.①曾…　②澎…　Ⅲ.①长江三角洲-
区域经济发展-研究　Ⅳ.①F127.5

中国版本图书馆 CIP 数据核字(2022)第 206825 号

责任编辑　王浩淼
封面设计　零创意文化
美术编辑　路　静

长三角议事厅合集 · 重塑与转型
曾刚　曹贤忠　易臻真 等著
澎湃研究所 编

出　　　版　格致出版社
　　　　　　上海人民出版社
　　　　　　(201101　上海市闵行区号景路 159 弄 C 座)
发　　　行　上海人民出版社发行中心
印　　　刷　常熟市新骅印刷有限公司
开　　　本　720×1000　1/16
印　　　张　18
插　　　页　2
字　　　数　188,000
版　　　次　2022 年 12 月第 1 版
印　　　次　2022 年 12 月第 1 次印刷
ISBN 978 - 7 - 5432 - 3408 - 6/F · 1474
定　　　价　85.00 元